MANDALAS

RETROUVER L'UNITÉ DU MONDE

ISBN : 978-2-02-101110-4

www.seuil.com

FABRICE MIDAL

MANDALAS

RETROUVER L'UNITÉ DU MONDE

SEUIL

SOMMAIRE

“ *Nous ne sommes pas au monde*[1].

ARTHUR RIMBAUD

Le mandala est un sentiment d'existence totale où nous sommes au centre[2].

CHÖGYAM TRUNGPA

Pourquoi, au début de la tradition ontologique décisive pour nous – chez Parménide explicitement –, a-t-on sauté par-dessus le phénomène du monde[3] *?*

MARTIN HEIDEGGER

Vous entrez dans un restaurant. Vous entendez aussitôt un certain nombre de bruits. Vous sentez des odeurs. Vous vous rendez compte que vous avez faim. Les tables sont disposées d'une certaine manière. Des nappes à carreaux y sont posées. De vieilles photographies sont accrochées aux murs. Quelqu'un se tient debout et s'apprête à vous parler en vous tendant un menu. Vous êtes, d'une certaine façon, dans un mandala.

En sanscrit, le terme désigne un *cercle* – ce qui est rassemblé unitairement dans une limite donnée. Et, en effet, dès que nous entrons dans le restaurant, nous sommes déjà dans un monde ordonné.

Le mandala est un *monde* qui se perçoit immédiatement car il n'est ni une accumulation de choses diverses ni un contenant, mais un espace unitaire dans lequel se déploie une situation ayant sa cohérence propre. Un jeu entre un espace et des limites. Il nous concerne et nous inclut en lui. À l'inverse de ce sens, le terme de « monde » désigne aujourd'hui, pour nous, l'ensemble exhaustif de tout ce qui est, des insectes aux étoiles – et il renvoie donc à une énumération quantitative, un catalogue statistique, de tout ce qui s'y trouve ou, selon l'analyse de Kant, la « totalité des objets d'une expérience possible[4] ». Le monde est devenu ainsi une *totalité* là où le mandala est une *entièreté*. La différence ne saute pas forcément aux yeux, elle est pourtant essentielle. Notre mot de « totalitarisme », forgé par Hannah Arendt, éclaire bien le

Mandala d'Akshobhya, XIXe siècle, Paris, musée Guimet.

Il existe un très grand nombre de mandalas – un pour chacune des diverses déités, bouddhas et bodhisattvas. Akshobhya, l'inébranlable, l'imperturbable, est le Bouddha lié à la famille *vajra* qui est de couleur bleue. On le reconnaît au centre du mandala. Les autres couleurs dans les quatre directions, en le complémentant, constituent ainsi un monde plein et entier. Parasols, bannières, richesses, joyaux et autres ornements témoignent qu'ici, rien ne fait défaut.

sens actuel de « totalité ». Totalitaire est le régime politique qui n'admet aucune opposition organisée et dans lequel l'État tend à confisquer la *totalité* des activités de la société. Le projet *totalitaire* repose sur la négation de toute différence, dans une uniformité imposée[5]. « Totalité » renvoie donc au projet d'un contrôle intégral de tout ce qui est[6]. L'entièreté, en revanche, est le caractère de ce à quoi rien ne manque pour être. Une plénitude vivante, ouverte et en mouvement.

Le mandala nous montre l'image d'une unité *entière* qui inclut les différences et les tensions d'une manière harmonieuse. Il répond à un projet visant à éveiller l'être humain à son propre secret. Le grand poète américain Cummings, dans ses *Inconférences* – les lectures qu'il fit à Harvard en 1952-1953 –, note très justement que nous vivons le plus souvent dans un « pseudo-monde : dans lequel la vérité est devenue télévisuelle, dans lequel être bon signifie ne pas faire de peine aux gens, et dans lequel beauté veut dire boutique[7] ». En effet, rarement nous sommes dans un vrai monde, un monde qui soit vivant, c'est-à-dire qui accueille et libère notre humanité. Et forcés de supporter le pseudo-monde, nous étouffons et nous sentons souvent écrasés. Nous entrons dans le restaurant – il peut être sympathique ou affligeant. Le mandala est le monde qui fait jaillir le meilleur en nous.

Il est le monde véritable, le contraire du pseudo-monde, ou plus exactement de l'im-monde – la situation où les êtres n'apparaissent plus comme des êtres humains et les choses comme des choses.

Parce qu'il est une pensée solide du monde, étudier le mandala est d'une profonde pertinence pour notre temps et peut nous aider à mieux penser et vivre la situation de « mondialisation » hors de la perspective totalitaire de l'uniformité à laquelle nous sommes confrontés. Faire cet effort est d'autant plus nécessaire que la confusion entre l'ordre de l'universel et celui de l'uniformité entraîne de terribles conséquences. Cette confusion nous rend malheureux, et explique la souffrance actuelle de tant de gens au point que, selon l'Organisation mondiale de la santé (OMS), la dépression deviendra, d'ici 2020, la deuxième cause d'invalidité dans le

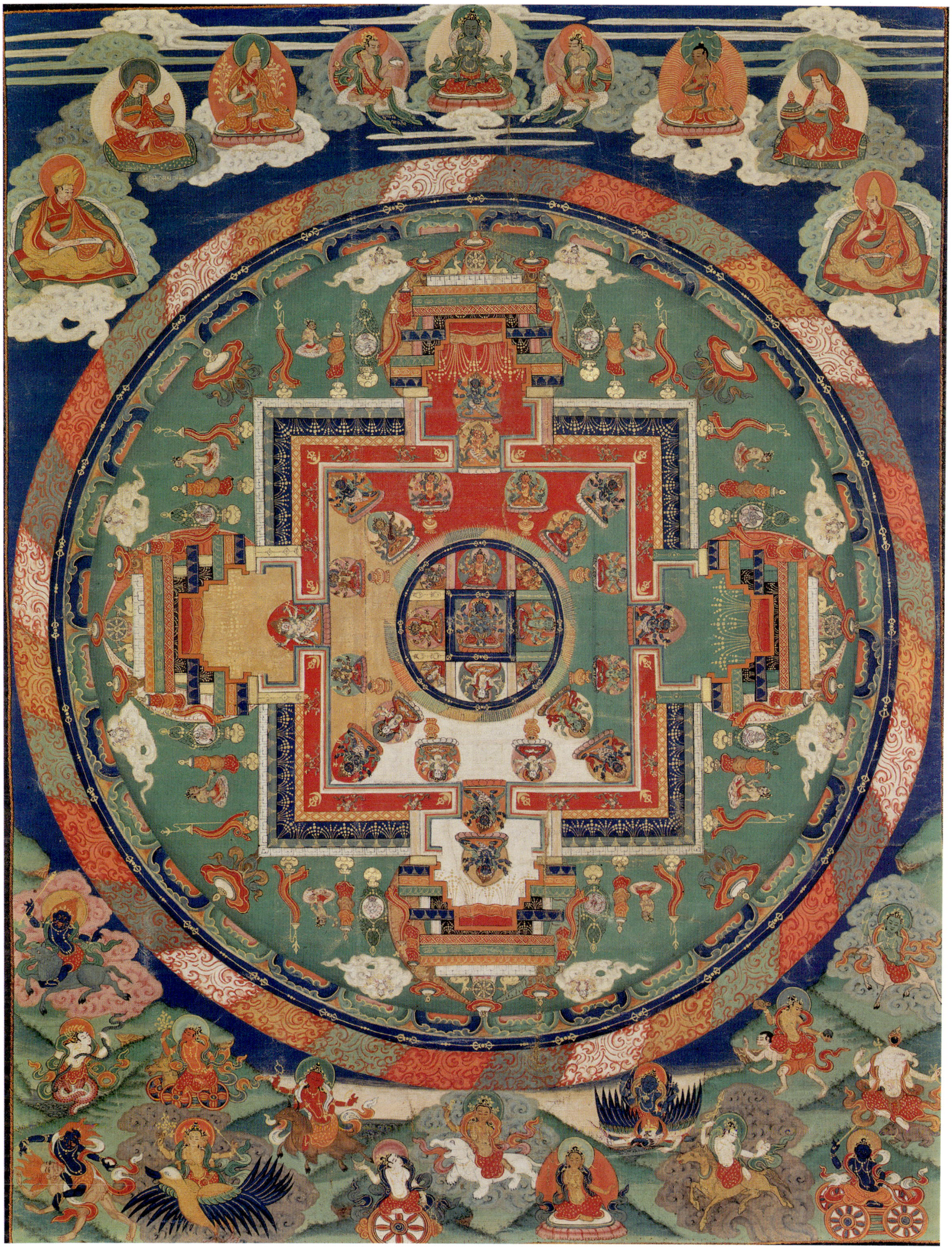

monde occidental, après les troubles cardiovasculaires. Nous souffrons, car nous vivons hors d'un monde où nous pouvons trouver notre place. Nous souffrons parce que la poésie n'est plus nécessaire – la poésie qui, en établissant un ordre harmonieux, configure des mondes.

C'est pour répondre à cette situation que ce livre a été conçu comme un chemin pour retrouver, aujourd'hui, au cœur de nos vies, le sens du mandala, c'est-à-dire d'un monde authentique qui nous accueille. Vraiment.

Pouvoir reconnaître le monde comme mandala et comprendre la signification de cette figure demande de faire un certain effort car la philosophie occidentale et les religions que nous connaissons l'ont peu à peu oublié, si elles n'ont jamais réussi à le penser dans toute son ampleur.

La philosophie, au cours de son histoire, a opposé la description objective d'une situation au sentiment que nous pouvons en éprouver. Or le mandala n'est pas une situation qui nous est extérieure et que nous pouvons décrire comme on décrit un corps physique mais, selon la remarque de Chögyam Trungpa, « une façon de *voir* le monde ». Je n'entre pas dans le restaurant comme dans une donnée extérieure, je ne le perçois pas dans ma conscience, mais je suis d'emblée – et immédiatement – en rapport à lui. Il œuvre sur moi comme j'œuvre en lui. Le comprendre implique une révolution philosophique inouïe.

Les doctrines religieuses occidentales, pour leur part, ont eu parfois tendance à concevoir le monde comme « une vallée de larmes » qu'il faut quitter pour atteindre la paix du cœur. Le monde a été alors associé, comme le suggère le terme de « mondain », à la vanité – et il a été opposé à la vie religieuse, seule existence véritablement authentique. Or le mandala est une façon de penser que le monde est sacré si nous savons le regarder et y vivre comme il faut. Notre tâche n'est donc pas, selon lui, de quitter le monde, de quitter l'ici pour atteindre un là-bas plus spirituel, mais d'apprendre à mieux vivre dans la plénitude du présent.

L'image de mandala que nous connaissons, tout particulièrement dans les magnifiques peintures tibétaines, est généralement constituée d'un cercle intérieur où se trouve une déité. Le palais est situé dans un ensemble de cercles ou de carrés comprenant diverses figures et symboles, formant un univers singulier et particulièrement unitaire. Nous étudierons dans ce livre la signification de ces éléments, mais l'important est de comprendre à présent qu'il s'agit là du *visage du monde* dont la présence nous rappelle la dimension sacrée qui est « la sanction originelle et originante d'une existence authentique[8] ». Aussi les représentations de mandala sont-elles d'abord là pour indiquer une expérience qu'il s'agit de vivre. Ce ne sont pas des œuvres d'art faites pour décorer les murs et que l'on pourrait regarder dans des expositions. Ce sont des manifestations réelles du sacré.

J'ai été initié au bouddhisme tibétain, il y a un peu plus de vingt ans, et j'ai consacré de longues retraites de méditation à la pratique du mandala selon les canons de cette tradition. C'est à cette expérience que je voudrais vous inviter et j'ai conçu ce livre non comme un rassemblement d'informations savantes sur un des symboles bouddhistes mais comme un voyage. Un chemin pour retrouver un regard qui aide à voir par où le monde est monde et aussi, par contraste, ce qui l'empêche. Les très grands poètes du XXe siècle nous ont montré, comme Samuel Beckett, que l'homme n'habite plus vraiment le monde, devenu pour lui une prison. Dans la pièce de Beckett, *Quad*, quatre êtres en tuniques longues à capuchon, visages cachés, « aussi semblables que possible par la stature », accomplissent, chacun, un trajet fixe dans un quadrilatère fermé, un pas à la seconde, dans un mouvement ininterrompu, jusqu'à épuisement des séries de parcours. Le centre n'ouvre plus sur rien, devient menaçant[9]. Désœuvrées, des figures sont condamnées à se déplacer dans un espace fermé en s'évitant les unes les autres. Errance sans horizon. Voilà une image de notre existence.

Se tourner vers le mandala c'est, en traversant l'immonde, retrouver l'espace ouvert où notre lien à tous les êtres peut se redéployer : « Quelle est, demande Gregory Bateson, la structure qui relie le crabe au homard et l'orchidée à la primevère ?

Et qu'est-ce qui les relie, eux quatre, à moi ? Et moi à vous ? Et nous six à l'amibe, d'un côté, et au schizophrène qu'on interne, de l'autre ? [...] Quelle est la structure qui relie toutes les créatures vivantes[10] ? » Voilà ce que nous dit le mandala !

La première partie de l'ouvrage est consacrée au symbolisme du mandala, tel qu'il a été développé dans le bouddhisme tantrique aussi bien au Tibet, au Japon que dans toute l'Asie. Sera mise en lumière la structure détaillée d'un mandala avec ses divers aspects, aussi bien dans une peinture, un monument, un lieu géographique que dans le corps humain.

L'enjeu est de proposer ainsi une réflexion sur la manière dont un mandala peut modifier le cours et la nature même de notre être en donnant droit à cette dimension symbolique de l'existence.

La seconde partie montre que la figure du mandala a des équivalents dans de nombreuses cultures, à la fois avec le symbole du labyrinthe – tel qu'il naît en Crète –, avec les peintures des Indiens navajos et avec les roses des cathédrales gothiques. Le mandala est une épreuve poétique, une invitation à un cheminement que l'on pourrait nommer initiatique – mais surtout une œuvre de guérison.

Comment un mandala peut-il guérir ? En permettant à chacun de se retrouver, en son être propre. Nous sommes très souvent pris par des occupations et des demandes diverses, voire contradictoires. À force d'y répondre, nous nous perdons. Nous souffrons, sans même toujours nous en rendre compte, d'être à côté de soi, coupés de notre vrai désir, sans rapport à nos véritables aspirations.

Pour comprendre pleinement l'expérience du mandala, l'œuvre d'art moderne est sans doute le meilleur guide. La troisième partie s'attache à le montrer. La conception marquée par la *mimesis*, peu à peu comprise comme reproduction (idéale ou réaliste) de la réalité, donne à l'œuvre d'art une place tout autre que celle de la tradition dans laquelle s'inscrit le mandala. Mais l'art moderne, dans nombre de ses plus hautes réalisations, rejetant la *mimesis*, rejoint le sens du mandala traditionnel. Comme ce dernier, de telles œuvres nous invitent à une expérience – au lieu de renvoyer à un phénomène extérieur dont elles seraient le témoignage voire, dans l'art pompier, le reportage. Lorsque je regarde par exemple un tableau de Kandinsky ou de Pollock, je n'ai rien à comprendre. Je n'ai besoin d'aucune connaissance : je suis plongé dans un monde qui a son unité propre. Le regarder, c'est éprouver une constellation de sensations et de sentiments qui ouvrent mon corps, mon cœur et mon esprit à leurs ressources les plus profondes.

L'EXPÉRIENCE
AU SEIN DE LA

DU MANDALA
DOCTRINE BOUDDHIQUE

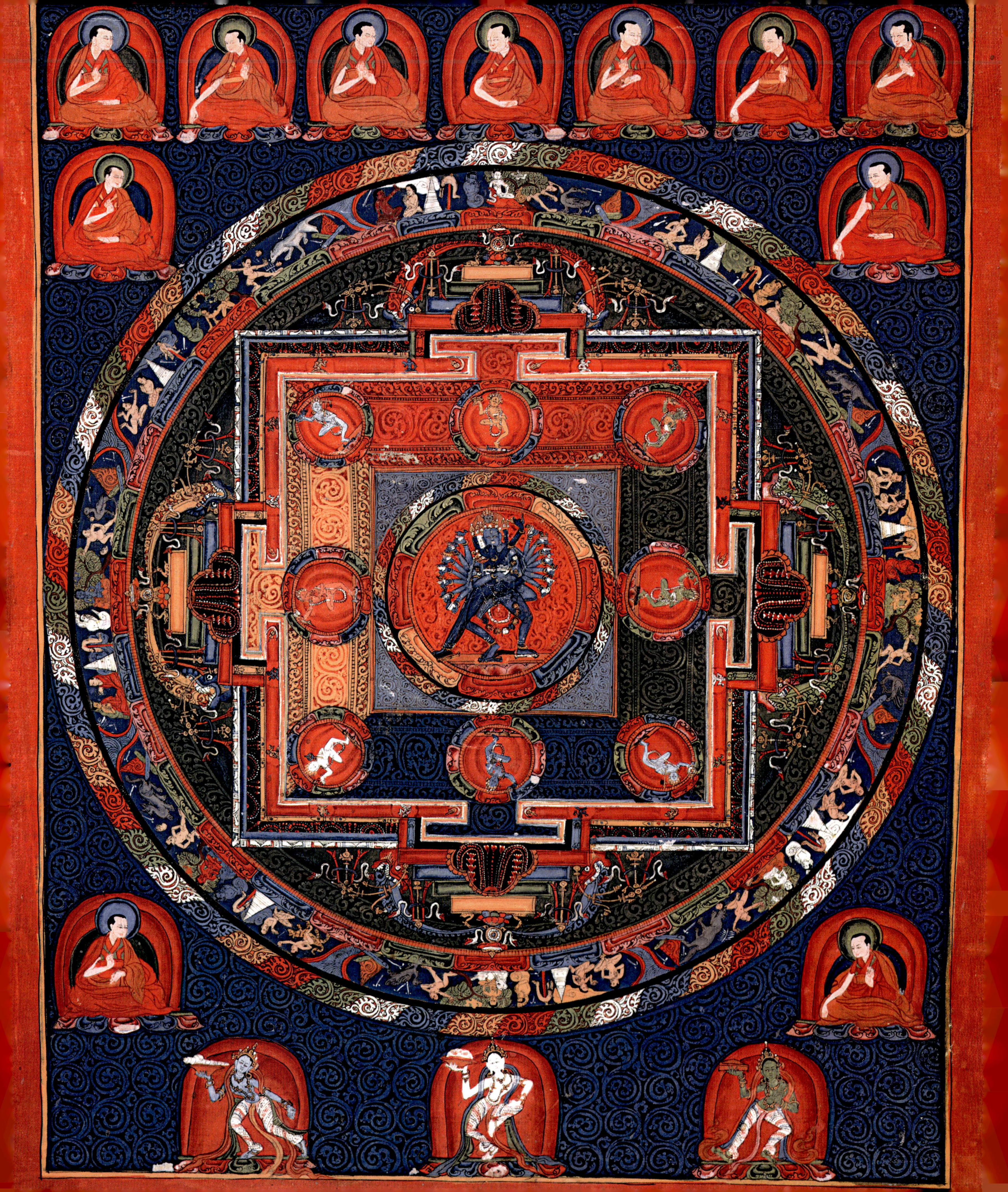

> *Soudain, en m'ouvrant à l'amour, je fus accepté.*
> *Et disparurent tout questionnement, toute hésitation,*
> *Je demeurai totalement immergé dans le tout-puissant,*
> *Le joyeux Mandala de la dâkinî*[11].
>
> CHÖGYAM TRUNGPA

> *À la cime d'un santal aux vertus médicinales,*
> *La compassion de Naropa prit magiquement la forme*
> *Du mandala de Hevajra avec ses neufs divinités.*
> *Dans le cœur de la parèdre innée,*
> *Les huit syllabes du mantra, comme tracées par la pointe*
> *d'un cheveu,*
> *Dessinaient une roue étincelant de mille rayons.*
> *C'est ainsi que Naropa me conféra l'autorisation de pratique.*
> *Quelle merveille ! Vraiment, quel signe extraordinaire*[12] *!*
>
> MARPA

Mandala de Shri Hevajra, Tibet, XVIIe siècle, New York, Rubin Museum of Art.

Hevajra est une des déités courroucées les plus importantes du monde indo-tibétain. Il transmute les plaisirs des sens dans l'élan de l'Éveil et l'attachement aux choses et aux êtres dans une joie confiante qui les reconnaît pleinement. Ici, il apparaît avec huit visages qui regardent dans les diverses directions de l'espace. Il est doté de seize bras et de quatre jambes. Il est en posture de danse et en union avec Nairâtmyâ – qui représente la sagesse de l'intelligence pure, propre au « non-ego ». Chacune de ses seize mains tient un *kapala* (coupe crânienne) qui contient un symbole spécifique (terre, eau, air, feu, lune, soleil, etc.). Tout mandala est orienté et structuré selon la déité centrale qui en est comme le cœur vivant.

Le mandala est, dans la perspective bouddhique, la description la plus précise, la plus claire et la plus vivante de la réalité comme de l'esprit humain. Le terme tibétain pour dire le mandala est « *kyil khor* ». *Kyil* signifie centre ou milieu et *khor* désigne la périphérie et l'environnement. *Kyil* est donc le premier moment de perception directe et pure, un sens d'être primordial, tandis que *khor* est le monde phénoménal. Le mandala est ainsi la vérité même de notre expérience éveillée à son propre secret.

L'EXPÉRIENCE DU MANDALA

Un état de présence ouvert

Ce que chacun sent lorsqu'il regarde un mandala – même s'il ne connaît rien au bouddhisme – c'est un état de présence ouvert, paisible et vivant.

Cet espace de présence est à la fois la splendeur du monde reconnu en son harmonie native et la vérité de l'esprit humain quand plus rien n'obstrue son rayonnement. Et en effet, dans la perspective bouddhique, l'esprit humain est considéré comme étant ouvert, compatissant et d'une clarté parfaite. La confusion et le mal, si prégnants, sont une distorsion de cette ouverture première, un peu comme les nuages peuvent cacher le soleil, mais non l'altérer. Nous nous détournons de notre être véritable, et telle est l'origine de notre souffrance.

Après s'être égaré dans des pratiques d'austérité et d'ascétisme, le Bouddha Shâkyamuni se rendit compte de la vanité de ces approches qui restent marquées par la volonté subtile de maîtrise. Il reprit de la nourriture pour restaurer sa santé et ses forces. Ses compagnons, horrifiés de le voir abandonner son ascèse à laquelle ils identifiaient la quête spirituelle, le quittèrent. Il s'assit alors, jambes croisées, sous l'arbre de la Bodhi et prit cette résolution : « Ne devrait-il rester que ma peau, mes tendons et mes os, mon sang et ma chair devraient-ils se dessécher et disparaître, je ne bougerai pas de ce siège avant d'avoir atteint le parfait Éveil[13]. » Cet engagement du Bouddha à simplement s'asseoir pour regarder son expérience et à entrer en relation d'amitié avec son esprit tel qu'il est, en le laissant reposer en son propre champ de résonance, a ouvert la voie appelée aujourd'hui « bouddhisme ». Ce fut le génie de Bodhidharma, qui vint en Chine introduire le bouddhisme et que l'on considère comme le fondateur du zen, d'y revenir : « C'est une erreur, découvrit-il, de créer une idée profonde ou élevée, puis d'essayer de l'atteindre en pratiquant le zazen. Si c'est cela notre zazen, il ne diffère en rien de notre activité ordinaire, l'agitation simiesque[14]. » La méditation n'est pas un effort pour atteindre quelque chose, fût-ce l'Éveil, mais elle est un état de présence spontanée, la manière d'être la plus juste. Le mandala est le visage complet de cette expérience d'ouverture.

Mandala de Sitâtapatrâ, Paris, musée Guimet.

Sitâtapatrâ, « celle au parasol blanc », est considérée comme une émanation du bodhisattva de la compassion, Avalokiteshvara, voire sa semblable sous une forme féminine. Elle est invoquée pour guérir des maladies, apaiser ce qui nuit, éviter les catastrophes.
Ce qui participe de la beauté de ce mandala est sa structure en trois cercles. Celui qui entoure la déité – le second – est constitué des représentations masculines et féminines des quatre éléments complémentaires à ceux de la déité centrale. Les vases d'abondance sont le masculin et l'on peut distinguer dans les quatre déités féminines Mamaki blanche, Locanâ blanche, Pandara rouge et Târâ verte.
Le troisième cercle contient, aux points collatéraux, seize déesses.

Un espace sans territoire

Le mandala est ainsi un pur poème. Or, comme l'écrit Saint-John Perse, si la poésie n'est pas, ainsi qu'on l'a dit, « le réel absolu », elle en est bien « la plus proche convoitise et la plus proche appréhension, à cette limite extrême de complicité où le réel dans le poème semble s'informer lui-même[15] ». Cette épreuve du réel apparaît et existe sans être fondée d'une manière certaine. Elle est en ce sens « vide ». Cette

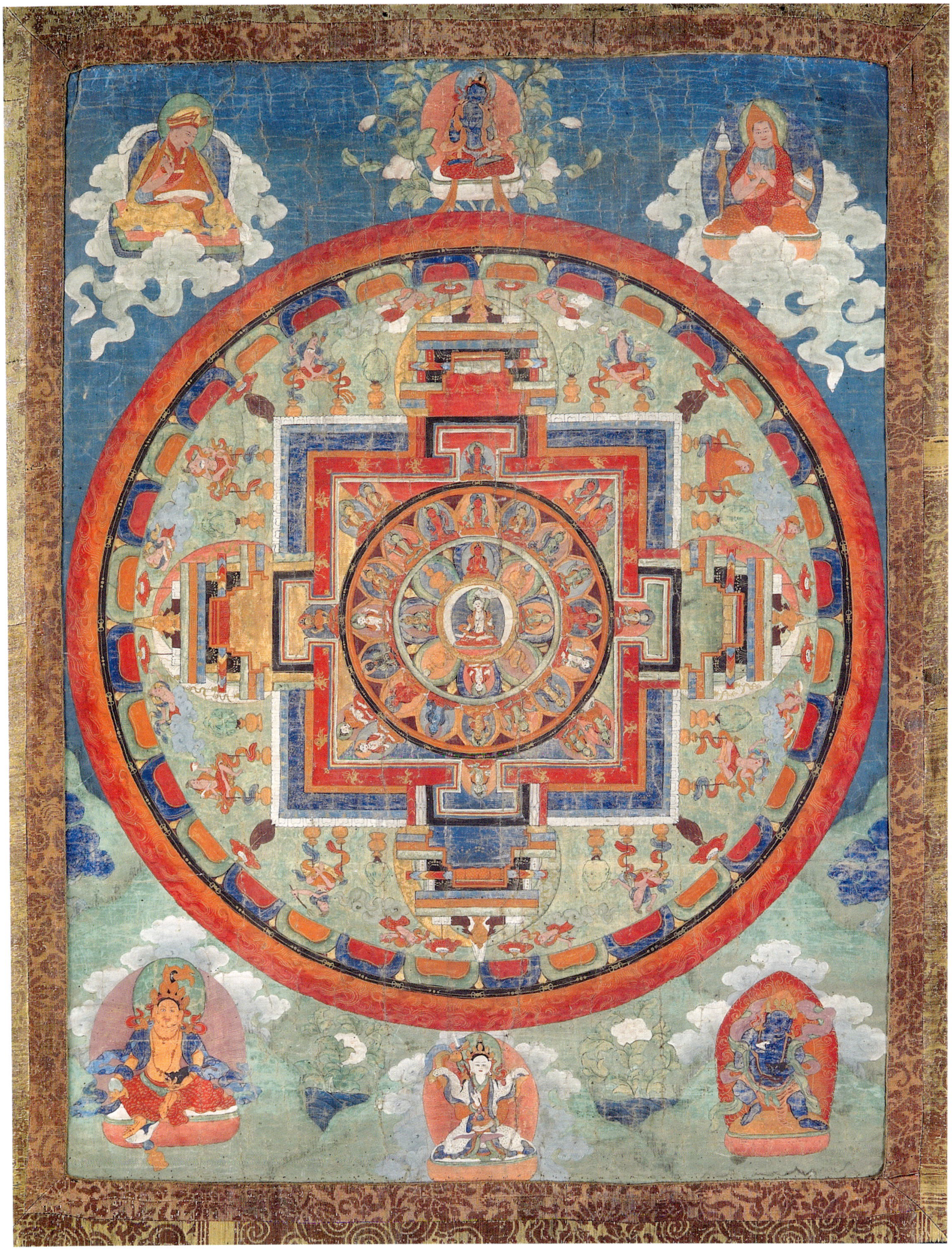

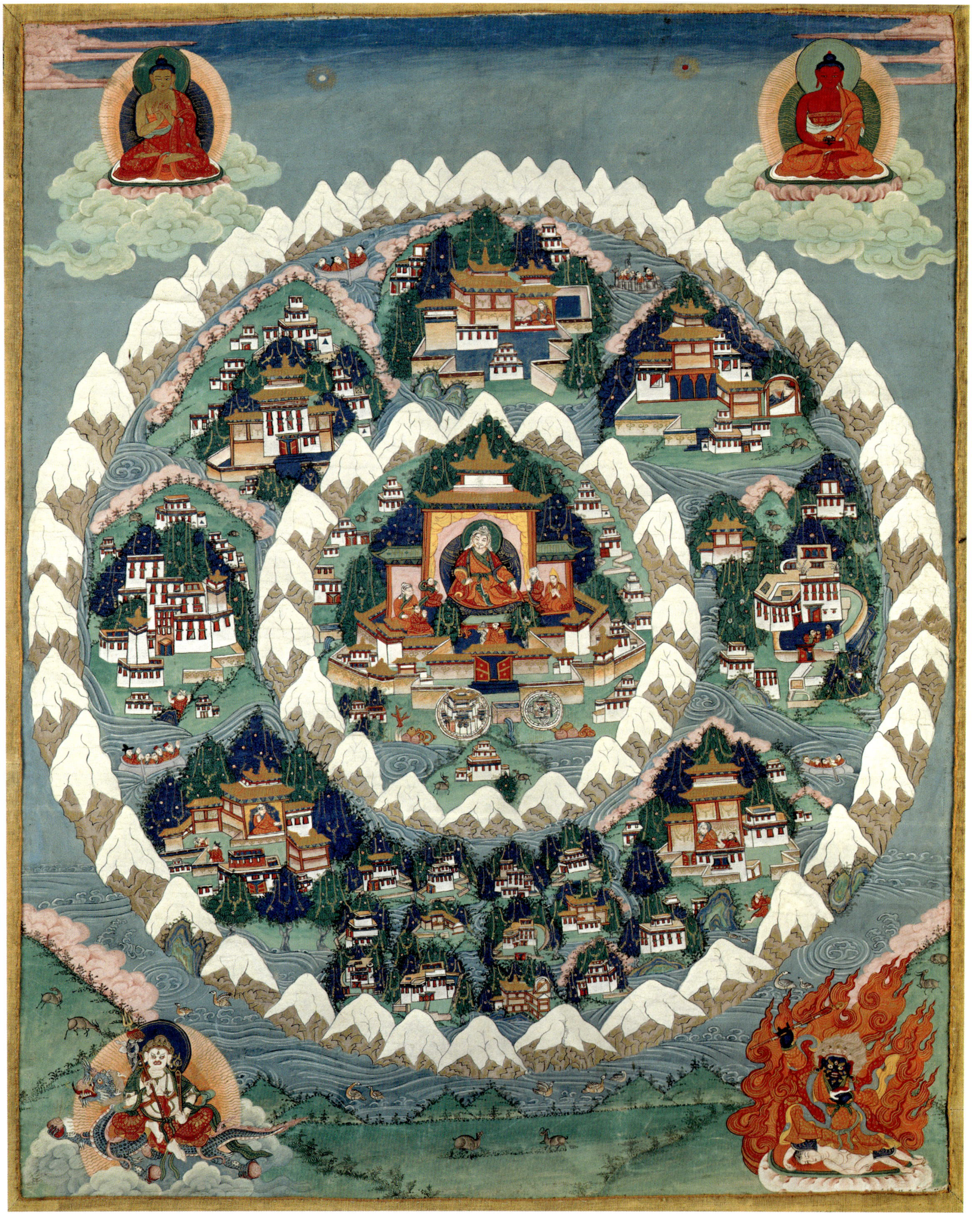

Royaume de Shambhala, Tibet, XIXe siècle, Paris, musée Guimet.

Un mandala n'est pas seulement une représentation du palais d'une déité, mais peut aussi être celle d'un royaume harmonieux. Shambhala est, selon la légende, un lieu de paix et de prospérité, gouverné par des souverains sages et compatissants. Ce royaume est représenté entouré d'une double chaîne de montagnes gelées, « pointues comme des dents » au centre desquelles se tient le Roi. Shambhala a été popularisé par le roman de James Hilton *Lost Horizon* (1933), les films qu'il inspira, dont celui de Frank Capra, et Chögyam Trungpa qui en a présenté, à partir de 1977, une nouvelle lecture.

notion de « vide » donne lieu à bien des incompréhensions et a souvent donné à penser que le bouddhisme était une tradition nihiliste. Or le mandala, dans sa magnificence, nous montre le contresens qui entache notre compréhension de la vacuité. Quand on parle du rien, du vide, précise Chögyam Trungpa, « on ne fait pas allusion à des négations, mais bien au rien qui est tout. C'est une autre manière de dire "tout" – mais il est beaucoup plus sûr de dire "rien", à ce niveau précis, que d'employer le mot "tout"[16] ». La vacuité n'est donc pas un vide où l'on perdrait toute intelligence, où l'on deviendrait insensible et indifférent à la souffrance des autres, mais la reconnaissance de l'absence de tout territoire personnel – l'entièreté.

Autrement dit, le mandala est l'épreuve du *no man's land*, d'un espace qui n'est pas assujetti au gouvernement acharné de l'ego qui vise, pour sa part, à tout contrôler et à tout surveiller. Le mandala est en ce sens le déploiement de la présence nue, qu'aucune idée fixe, attachement ou préconception ne souille. Un espace sans les menottes de nos idées, évoquées par le poète William Blake, qui brouillent tout et font que « l'homme s'est emprisonné lui-même, si bien qu'il voit tout par les fissures étroites de sa caverne[17] ».

Le mandala est un monde sans attaches, l'expérience de la réalité libre de toutes crispations. Si cet aspect de l'enseignement n'était pas pris en compte, on aboutirait à une doctrine terrible. Ces palais grandioses seraient alors des glorifications de notre moi et aboutiraient à un égocentrisme paranoïaque. Heureusement, ils sont, au contraire, la qualité du non-moi, la manifestation de l'ouverture la plus entière.

Le mandala n'appartient à personne et telle est la raison de sa splendeur qui est à chaque fois neuve et vivante.

Le chant de l'amour

Le mandala ainsi compris est l'expression du pur amour. À première vue, une telle perspective semble surprenante, car s'il n'y a pas de moi, d'où viendrait le souci du bonheur des autres ?

Le bouddhisme repose précisément sur la conviction, à première vue paradoxale, que l'amour émerge, à mesure que s'estompe le souci de soi-même. La compassion, qui est l'un des visages de l'amour, n'est pas une construction intellectuelle, un effort de la volonté ou du sentiment : « La compassion n'est pas une émotion particulière, au sens où vous souffririez de la souffrance des autres, et où vous devriez les aider parce que vous seriez meilleurs qu'eux. La compassion est la complète ouverture dans laquelle il n'y a ni terrain ni territoire[18]. »

Si les bouddhistes ont peint et dessiné des mandalas, c'est animés du souci que tous les êtres en découvrant cet ordre sain retrouvent, sans la moindre restriction, le chemin de leur propre cœur. Le mandala est le chant même de l'amour réalisé.

Selon la voie du Bouddha, le pratiquant est amené à quitter le terrain du moi pour prendre refuge dans les signes de l'ouverture nue. Il abandonne ainsi la recherche vaine d'un territoire. Puis, sur cette base, une profonde confiance se déploie qui ouvre le cœur et l'esprit et libère plus avant l'aspiration que tous les êtres soient heureux et libres de la souffrance. Tel est le chemin propre au Grand Véhicule (*Mahâyâna*) qui s'est développé à partir du Ier siècle de notre ère et sans lequel il n'existerait pas de mandala.

Un espace de transmutation : le tantra, une voie alchimique

L'ordonnancement du mandala n'est pas une construction conventionnelle et datée, mais une invitation toujours vivante à une conversion du cœur.

Cette conversion a été pensée parfois comme un mouvement de purification de notre attachement aux apparences ordinaires et contradictoires. Le mandala représente la manifestation de tout ce qui nous constitue – ce sens d'identité, nos sensations, nos émotions, nos pensées, l'impression de continuité de la conscience – dans leur état « non voilé ». Comme le souligne Sofia Stril-Rever, « non voilé est la traduction littérale du sanskrit *anavarana*, que l'on peut rendre aussi par "non obscurci", "non recouvert" ou "non caché"[19] ». Ce qui cache la clarté du monde, c'est l'oubli et le sommeil, l'espoir et la peur qui conduisent à manipuler le règne du ciel.

Le mandala est donc le dévoilement du monde tel qu'il est – ainsi que le chemin qui nous y conduit. Il est un «état d'être» et un enseignement visant à nous aider à reconnaître cette dimension. En ce sens, il montre comment se purifier pour retrouver l'initial et se libérer de tout ce qui nous conduit à cacher l'ouverture rayonnante du monde. Libérer le phénomène à son propre surgissement, laisser la parole à son souffle premier.

Mais cette conversion du cœur est aussi vue, particulièrement dans la perspective tantrique qui est l'acmé de la voie bouddhiste, comme une forme de transmutation qui n'est pas sans rappeler le sens authentique de l'alchimie. Il ne s'agit pas de changer la confusion en sagesse par une sorte d'opération magique, mais, par un regard juste, de voir la confusion même en sa vérité propre. Car la confusion cesse d'exercer son emprise une fois qu'elle est reconnue. Ce ne sont pas la peur, la rage, la jalousie qui entravent la splendeur, mais notre refus de les reconnaître, notre insistance à les cacher, à les ignorer, à les justifier.

Autrement dit, le mandala n'est pas une construction fantasmatique, une consolation comme le sont les mondes virtuels des jeux vidéo ou de Disneyland – qui s'est construit de manière étonnamment analogique, ou plus exactement parodique, à un mandala –, mais un visage de la réalité libérée. Cette distinction est cruciale à comprendre. Disneyland est établi sur la négation de la confusion qui n'a pas place dans son enceinte. Le mandala, au contraire, inclut entièrement la souffrance et la mort, la peur et l'angoisse, la haine et la violence. Tel est le ressort alchimique de tout mandala, transmuter le poison en remède. Non pas haïr la haine, ni la nier – mais se relier à elle. Non pas créer un monde idéalisé, sans poison, mais trouver dans le poison l'or qui y brille.

Pour cette raison, le mandala nous conduit à établir un rapport simple et juste à toutes nos émotions: car, comme l'écrit Chögyam Trungpa, «nous ne percevons pas l'émotion de façon vraiment correcte, bien qu'elle nous emplisse complètement. Si nous suivons nos émotions et que nous y échappions en faisant quelque chose, nous n'en n'avons pas une expérience juste. Nous essayons de les réprimer ou d'y échapper parce que nous ne pouvons supporter d'être dans un tel état. Mais le tantra nous fait

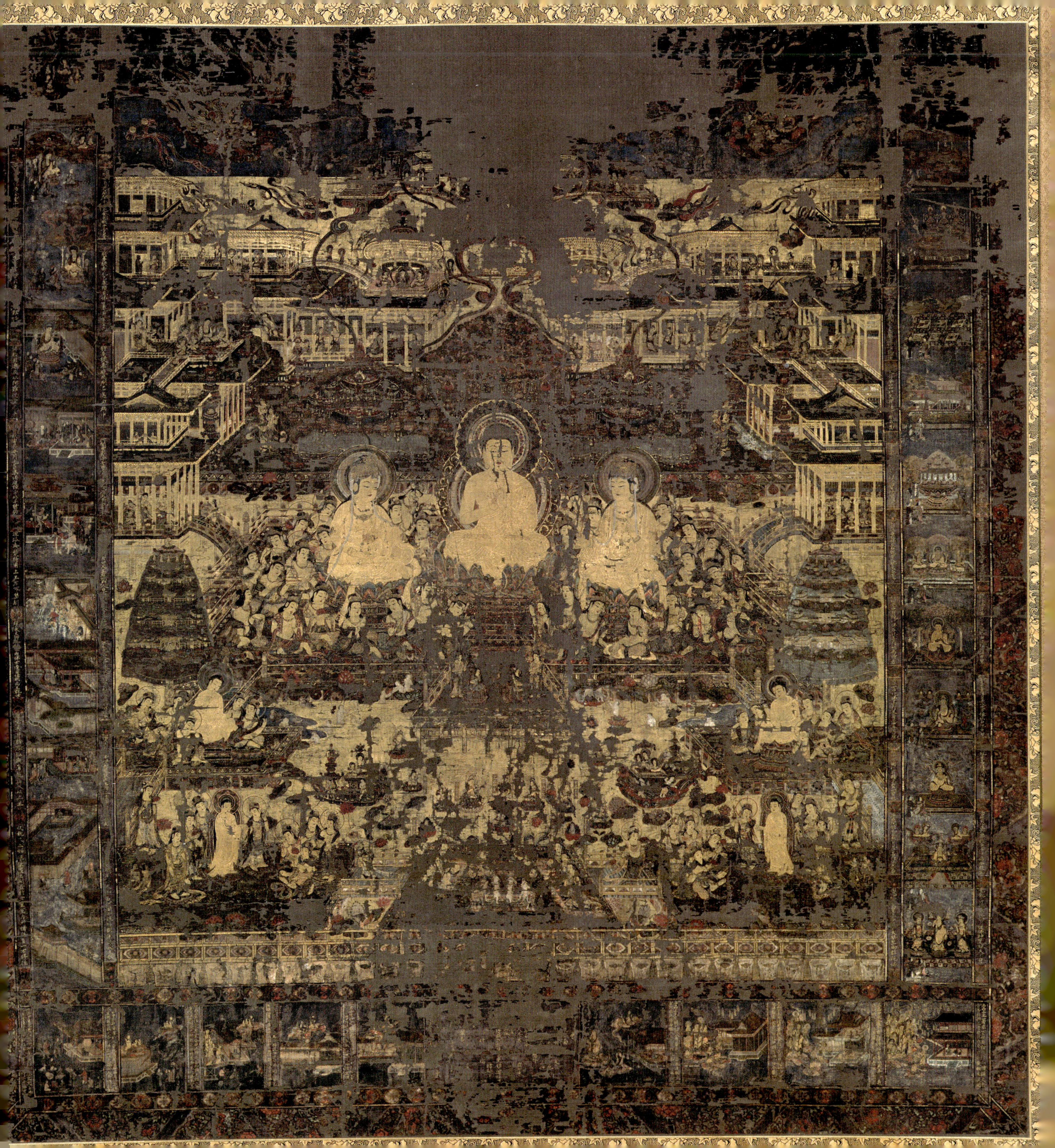

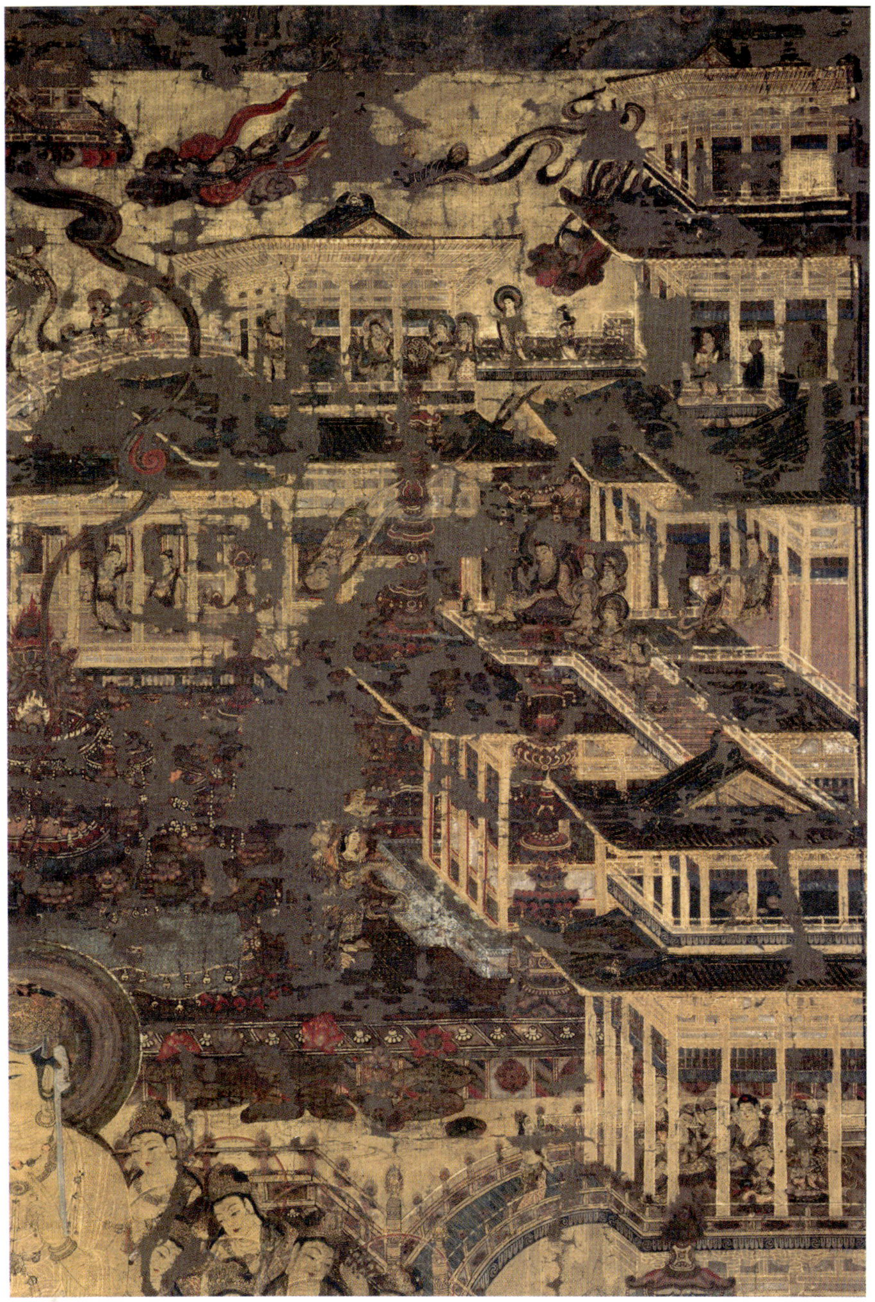

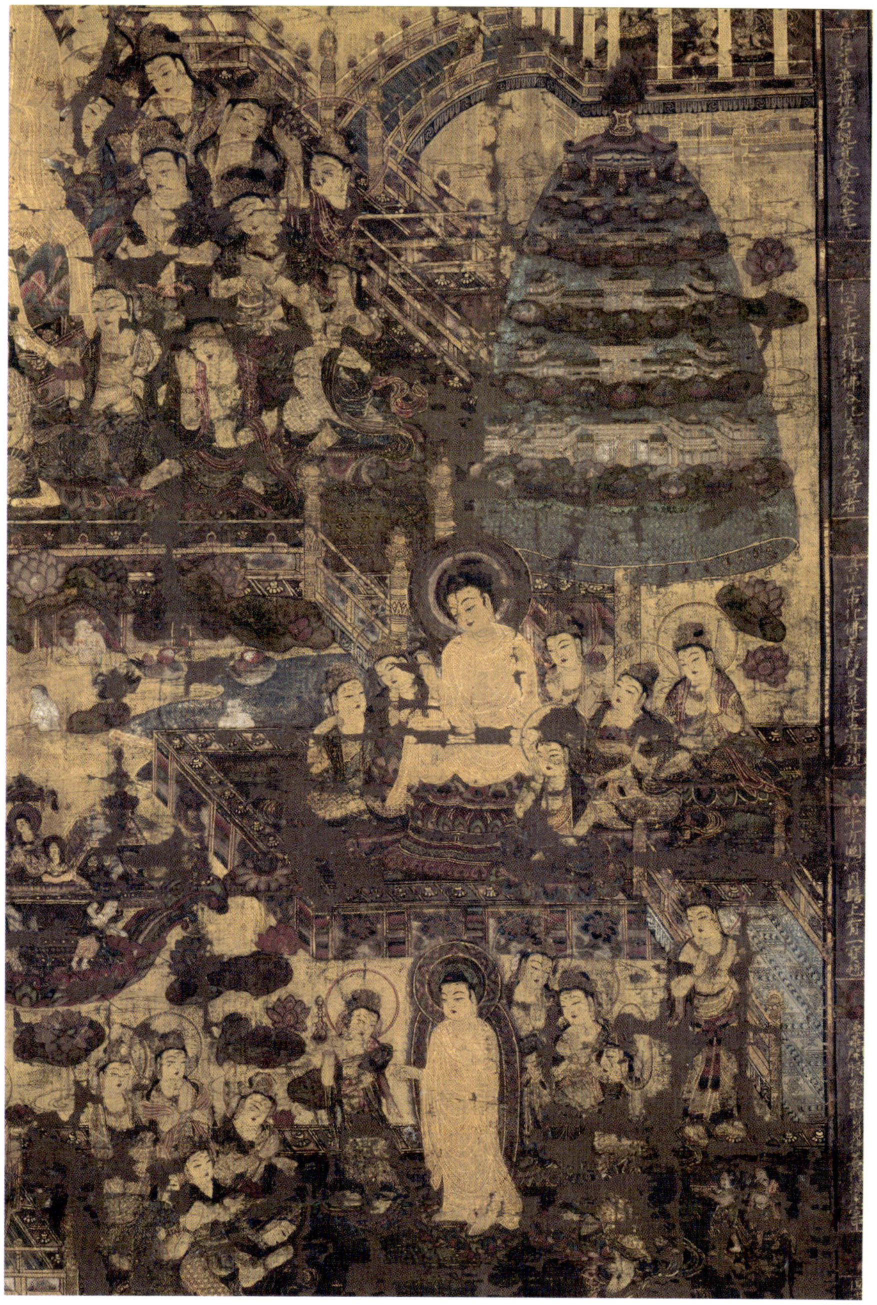

Taima Mandala, Japon, Paris, musée Guimet.

Cette peinture présente un autre visage du mandala comme paradis ou plus exactement Terre Pure. En Extrême-Orient, l'aspiration à renaître dans un tel monde, où la voie peut s'accomplir sans effort, a constitué l'une des formes les plus répandues du bouddhisme. Ces peintures sont nommées *Mandalas de Taima*, du nom de la région de Chine où ils furent accomplis pour la première fois. On trouve au centre le Bouddha Amida/Amitâbha accompagné de deux bodhisattvas, Kannon (Avalokiteshvara) et Seishi (Mahâsthamâprâpta). Kannon représente alors la dimension de compassion, le souci de libérer tous les êtres de la souffrance, et Seishi représente la sagesse, sans laquelle la compassion deviendrait bête et naïve. Dans la Terre Pure d'Amitâbha, Sukhâvatî, divers bouddhas enseignent pour amener les êtres directement à l'état de la libération.

regarder correctement, directement l'émotion, nous en fait sentir la qualité nue. Nous n'avons pas véritablement à la transmuter. En fait, nous voyons la qualité déjà transmutée dans les émotions[20] ». Le mandala nous invite à ne pas nous débarrasser de quoi que ce soit, ni à chercher à devenir meilleurs ou à nous améliorer. Il est le chant vérifié des émotions.

ORIGINE ET HISTOIRE DU MANDALA. SON INSCRIPTION DANS LE TANTRA

Repères historiques

On trouve des mandalas au sein de l'hindouisme et plus particulièrement dans le shivaïsme. On les nomme alors *yantras*. Ils ont précédé l'évolution des mandalas, qui en sont une forme plus complexe.

Le mot de mandala a une double étymologie. Il vient d'abord de manière très évidente de *mand*, le cercle, mais peut-être aussi de *manda*, qui signifie l'écume de l'eau de cuisson du riz, la crème du lait, la liqueur et parfois aussi la meilleure part, le point le plus haut. Le *mandala* est, en ce sens, la cime du réel.

Ensemble de quatre mandalas, Tibet, XVe siècle.

Dans la tradition Nor, de l'ordre des Sâkyas – l'une des quatre écoles du bouddhisme tibétain –, on trouve nombre de peintures représentant quatre mandalas. L'ensemble, animé d'un grand soin des détails, manifeste un sens de richesse et de plénitude qui révèle l'ampleur du monde sacré. Le foisonnement des couleurs et des déités est cependant équilibré par le jeu ordonné des couleurs et la structure d'ensemble.

Dans le shivaïsme ancien, on trouve trois types de mandala :

Les mandalas-sièges, réalisés « en barbouillant, d'une bouillie semi-liquide (bouse de vache ou pâte de santal), une portion du sol, généralement circulaire », et qui sont destinés à un dieu ou un homme éminent.

Les mandalas-images, structurés géométriquement avec des portes et des rues établies par un tracé au sol, généralement circulaire.

En troisième lieu viennent les mandalas composés de carrés quadrillés, sans dessin. Ils servent à invoquer ou à nourrir les dieux ou les démons et sont

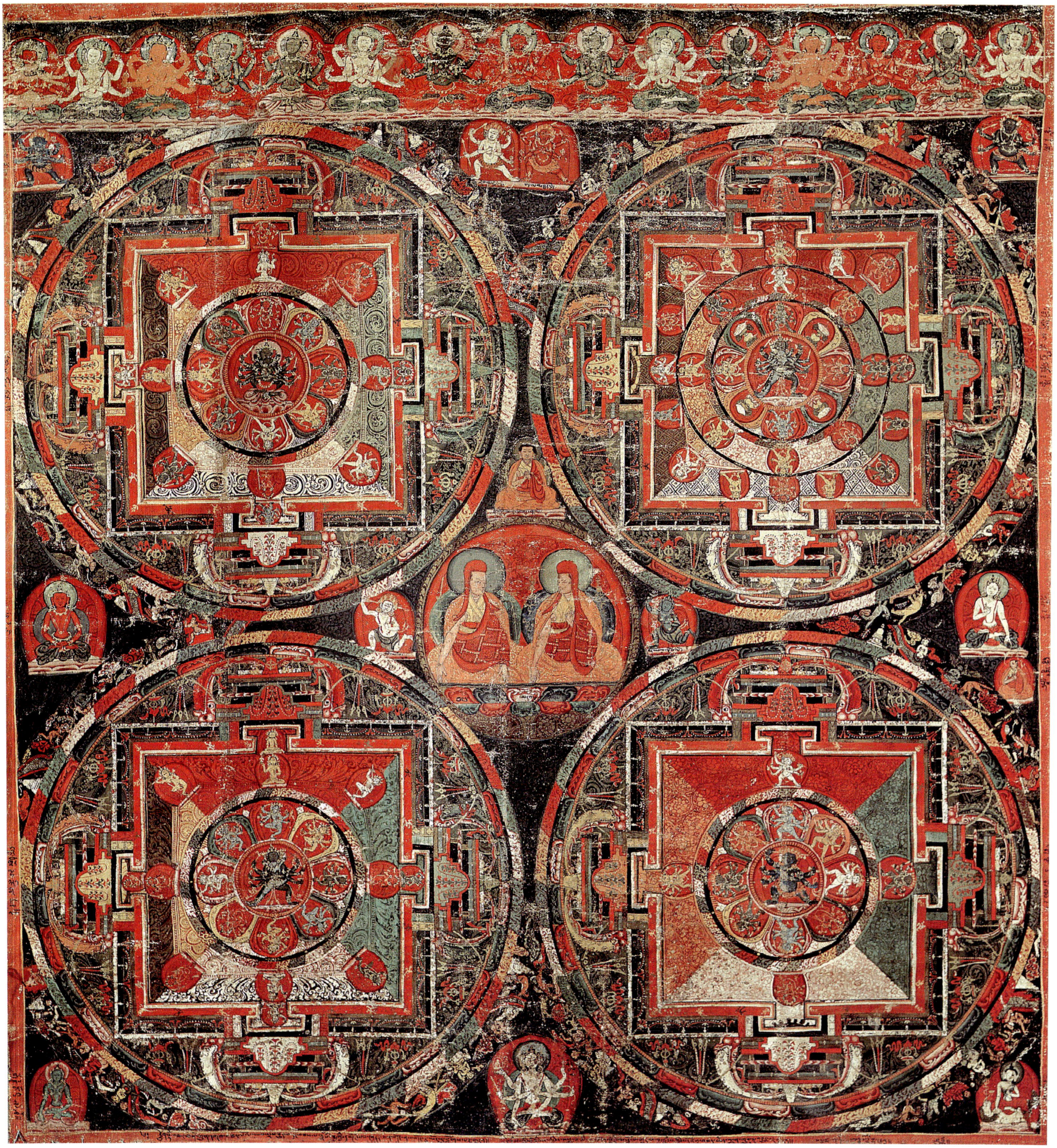

établis avant tout travail de construction[21]. Le mandala a donc d'abord été conçu comme une aire dédiée à l'accomplissement d'un certain rituel.

Si la doctrine du shivaïsme présente des différences avec celle du bouddhisme, les rituels et les pratiques ont de très profonds points communs, si bien que, pour Michel Strickmann, la tradition « du shivaïsme médiéval et le tantra du bouddhisme médiéval représentent simplement différentes versions, différentes rédactions d'une seule et même chose[30] ». Ce sont autant de visages du tantra, courant spirituel qui « sillonne et "colore" l'hindouisme, le bouddhisme et, dans une moindre mesure, le jaïnisme, c'est-à-dire les trois "religions" originaires de l'Inde[23] ».

L'étymologie du terme tantra renvoie au sens de continuité, la racine *tan* signifiant « étendre ». Le tantra perçoit la continuité entre les niveaux du microcosme et du macrocosme, de l'individu et de l'univers. Il cherche à ne rien rejeter comme étant contraire à la voie – et à inclure tous les comportements et toutes les émotions. Pour ce faire, il prend appui sur un corpus symbolique et sur un ensemble de pratiques corporelles afin d'éveiller l'être humain dans le concret de son expérience quotidienne. Ces gestes et pratiques n'ont rien de ritualiste au sens du confucianisme ou du brahmanisme, ils sont de simples moyens habiles destinés à faire jaillir cette continuité inapparente – comme en pilant les graines de sésame on fait de l'huile.

Mandala des cinq divinités d'Amoghapasa, Dunhuang, Asie centrale, xe siècle, Paris, musée Guimet.

Amoghapasa est l'un des aspects d'Avalokiteshvara. Il a quatre mains – celle en haut à droite fait le geste du don, celle en bas tient la corde, attribut éponyme de cette déité dont le nom signifie « au lacet infaillible ». Grâce à ce collet, cet aspect du bodhisattva de la compassion conduit les êtres à l'Éveil. Des deux autres mains, il tient le lotus, attribut de la compassion, et le *mala* (rosaire), attribut de la dévotion.
Cette œuvre témoigne de la présence du bouddhisme ésotérique, ou tantra, en Chine au xe siècle, alors que l'on a longtemps pensé qu'il avait totalement disparu à la suite des persécutions de 845.

Le tantra bouddhique : une pensée du mandala

En devenant bouddhiste, le tantra a intégré la perspective, la pensée et le vocabulaire du Grand Véhicule (*Mahâyâna*) – et au premier chef sa conception de la vacuité et son aspiration compatissante. En ce sens, aujourd'hui, les tantras bouddhiste ou hindouiste, même s'ils emploient parfois les mêmes termes, ne leur donnent pas le même sens. Leur dessein diffère.

Cette entrée du tantra dans le corpus bouddhique, en en devenant le couronnement, a de quoi dérouter. Le bouddhisme fut en effet d'abord une voie de renonce-

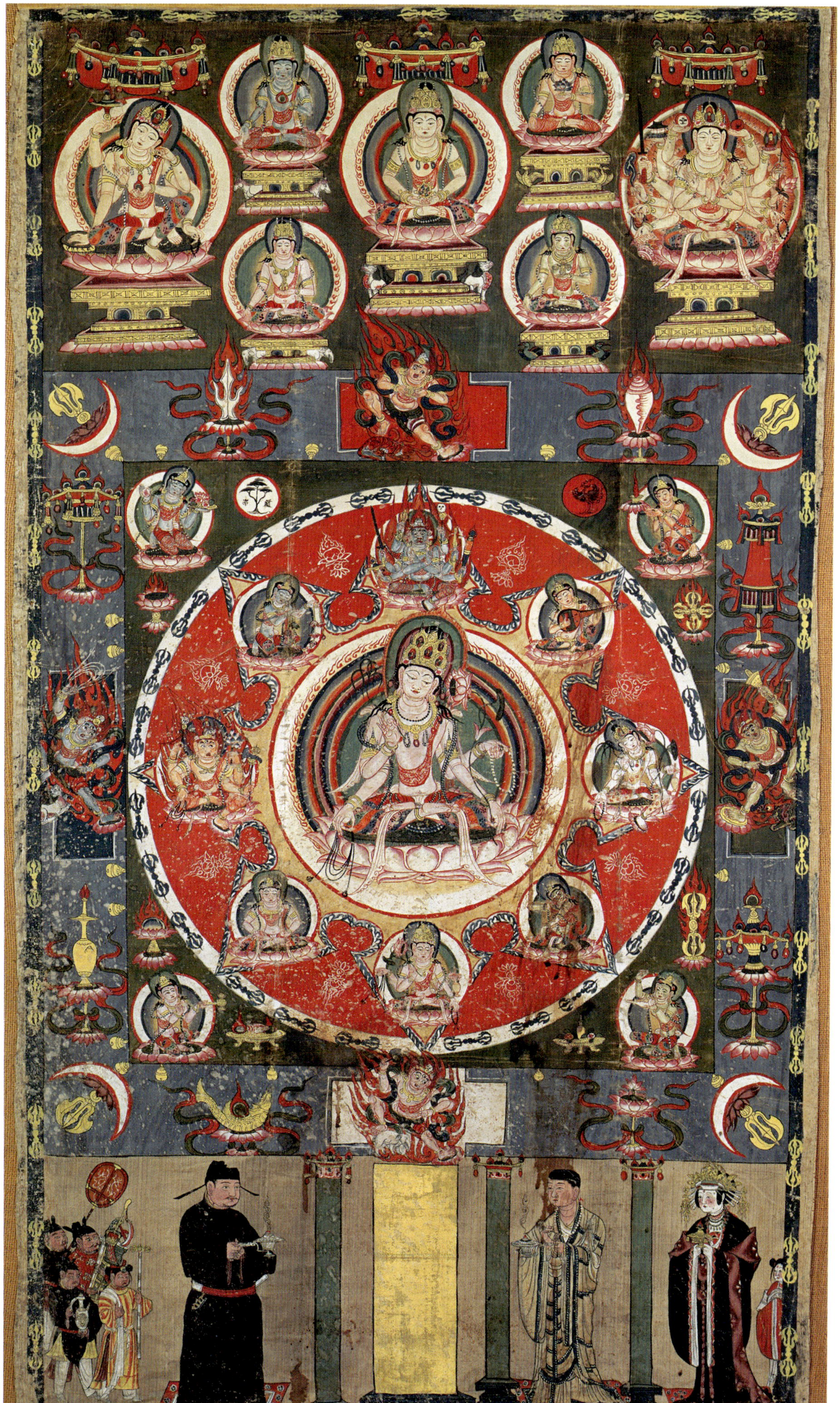

ment, essentiellement monastique. Alors que le tantra, loin de rejeter le « monde », de s'en détacher, cherche au contraire à y demeurer plus entièrement, à en reconnaître la perfection inhérente.

De plus, le bouddhisme ancien tenait la sexualité à l'écart. Il s'appliquait en quelque sorte à l'exorciser et à la rejeter. Il conseillait aux moines et à ceux qui voulaient s'engager dans la voie de regarder un corps qui leur semblait beau comme un ensemble répugnant de sang, de liquides divers, d'excréments et d'os voués à la décomposition.

Le tantra au contraire célèbre la beauté et l'acte sexuel est devenu emblématique du dépassement des polarités dans une véritable union – la sexualité devenant le symbole de toutes tensions vers l'Un.

Mais, en vérité, malgré la contradiction apparente, loin d'abolir la perspective la plus ancienne du bouddhisme, le tantra la parachève. Il radicalise le souci de l'expérience directe et libère du piège des conceptions et élaborations psychologiques, émotionnelles et mentales. Il défait l'esprit mesquin, non en l'humiliant mais en le comblant par-delà tout possible et en lui révélant sa royauté. Pourquoi continuer de mendier, si l'on vous couronne et vous offre le monde ? Tel est le sens du mandala. Vous êtes reconnu comme un roi, investi comme tel, et l'on vous donne votre royaume – dont le mandala est l'image. Vous êtes alors enclin à demeurer dans le non-attachement et la joie – qui est la vérité de l'enseignement du bouddhisme.

Le tantra est, au pire, considéré comme une déviation d'un état primitif plus heureux, baigné de clarté philosophique et de pureté morale. Au mieux, il est jugé comme étant une singularité anecdotique propre aux mondes tibétain et japonais. Or nous savons que le tantra est non seulement très ancien, mais aussi qu'il s'est implanté dans toute l'Asie – et ce, même si commentaires et recherches des spécialistes l'on nié en raison de leurs préjugés. Lorsque le spécialiste de la Chine ancienne Michel Strickmann se rendit en 1972 au Japon, il assista à plusieurs cérémonies du bouddhisme tantrique et découvrit à sa grande surprise qu'il pouvait identifier des gestes, coutumes, images qu'il connaissait par les textes de la Chine médiévale, sans avoir pu les rattacher à une tradition claire et en comprendre parfaitement le sens. Il sut désormais combien le tantra a joué un rôle crucial en Chine, même s'il est rarement évoqué et si nous avons très peu de documents sur cette influence. Un exemple parmi d'autres : le tantra est souvent nommé en Inde « *mantrayana* », le chemin du *mantra*. Ce terme désigne la parole sacrée à même de protéger l'esprit de ses propres égarements. Or, le terme « mandarin » vient de cette même racine et désignait à l'origine un conseiller du roi possesseur de puissants mantras. Cet exemple révèle combien d'un bout à l'autre de l'Asie le tantra a su s'implanter en prenant appui sur les coutumes locales et en configurant la vie de la société tout entière.

L'Asie du Sud-Est, considérée comme étant sous l'unique influence du bouddhisme theravâda, a été en vérité tout entière traversée par le tantra qui lui a donné son visage. Le bouddhisme theravâda est une construction tardive qui a remplacé le tantra pour des raisons politiques. Mais encore aujourd'hui, l'ancien rite survit derrière le vernis pâli et nous savons qu'existe un « bouddhisme theravâda tantrique » au Cambodge et en Thaïlande[24].

Comment expliquer l'impact du tantra dans toute l'Asie dont témoignent encore Pagan, Angkor ou Borobudur – qui sont autant de monuments tantriques ? Par le fait que le tantra vise à établir un mandala dans notre vie comme dans le monde. Un tel dessein le rend libre des conditions culturelles et des règles conventionnelles de la morale particulière. Il établit un ordre sacré à même de rassembler les hommes de manière juste et vivante.

Que sont les déités qui demeurent dans les mandalas ?

Le mandala est une prise en vue de *l'entièreté* de ce qui est – cette tasse, cette table, la maison, l'autoroute, les arbres, le chat, les passants... –, pour dégager *l'unité* à partir de laquelle tout se coordonne. Le mandala nous aide ainsi à mieux appréhender la manière dont nous sommes au monde, dont nous le voyons, y agissons en le *tonalisant*. Prenons l'exemple d'un jour d'automne. Tout ce qui apparaît, l'est à la lumière d'un *comment* tout à fait singulier. Les feuilles des arbres, ma main dans la lumière du

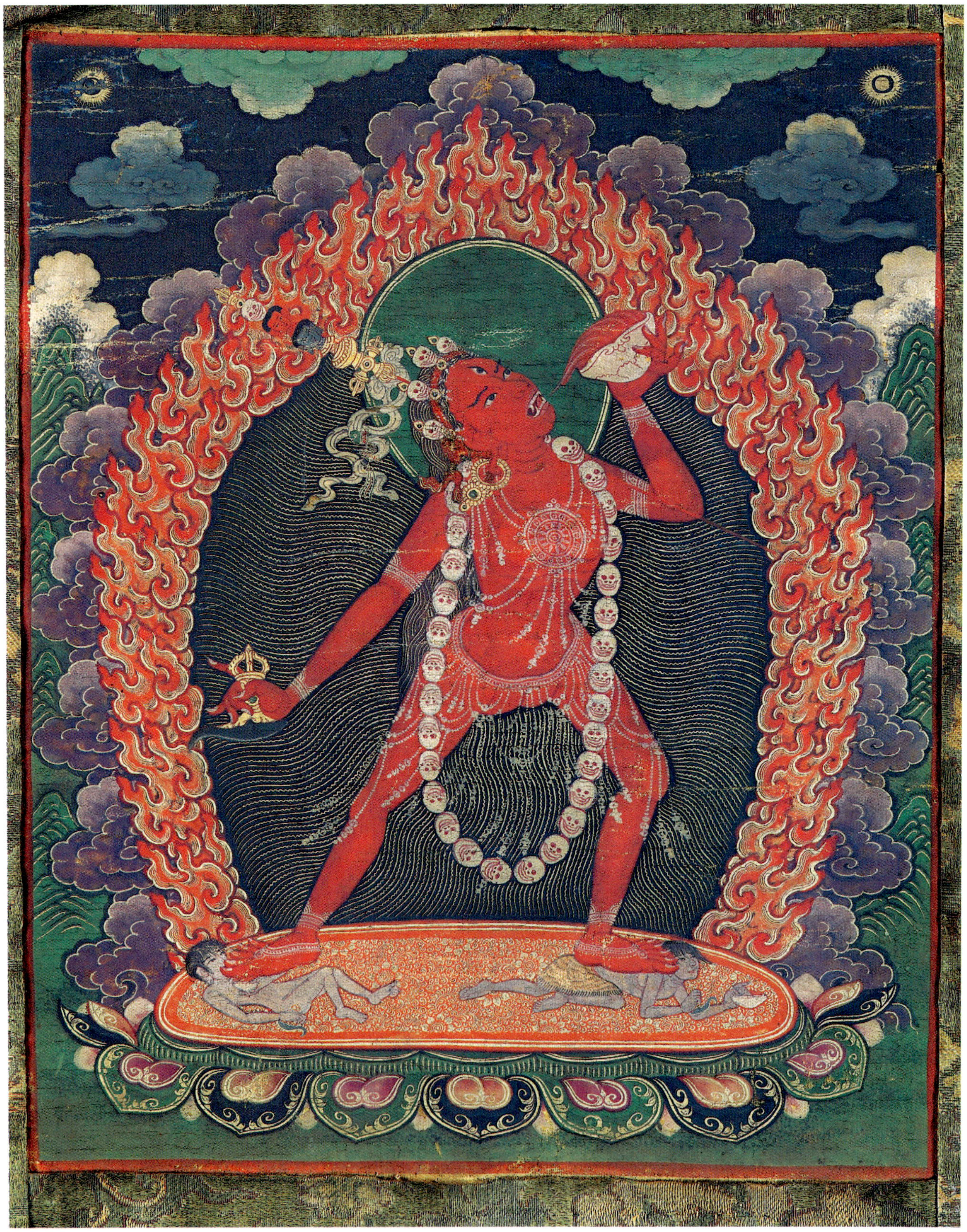

Vajravârâhî, Tibet, XVIIIe siècle, Paris, musée Guimet.

Vajravârâhî ou Vajrayoginî est, dans de nombreuses écoles, la première déité à laquelle le pratiquant est introduit. Elle est la « mère coémergente », la « personnification de la vacuité indestructible » d'où tout provient ; le jeu du monde et la métamorphose des formes. Sa couleur rouge radiante témoigne de ce désir qui anime tout et qui ne laisse place à aucune trace d'attachement, de calcul ou de manipulation. Évoquée par le pratiquant, elle devient ainsi le visage de son état d'esprit fondamental, que sa pratique doit lui faire reconnaître.

PAGE CI-CONTRE : *Cakrasamvara*, Tibet, XVIe siècle, Paris, musée Guimet.

Cakrasamvara est l'une des grandes déités masculines. Il est toujours accompagné de Vajravârâhî ou Vajrayoginî qu'il tient enlacée. Il manifeste ainsi l'indivisibilité parfaite, où tout est réuni. Le personnage gris sous son pied représente le nihilisme, et le rouge sous son autre pied, l'éternalisme. Il écrase les deux extrêmes, se tenant au-delà des vues fausses. Si Vajrayoginî est la vacuité et la sagesse, Cakrasamvara est l'activité dont témoignent ses nombreux visages et bras. Il est l'intensité de l'amour œuvrant pour le bien des êtres.

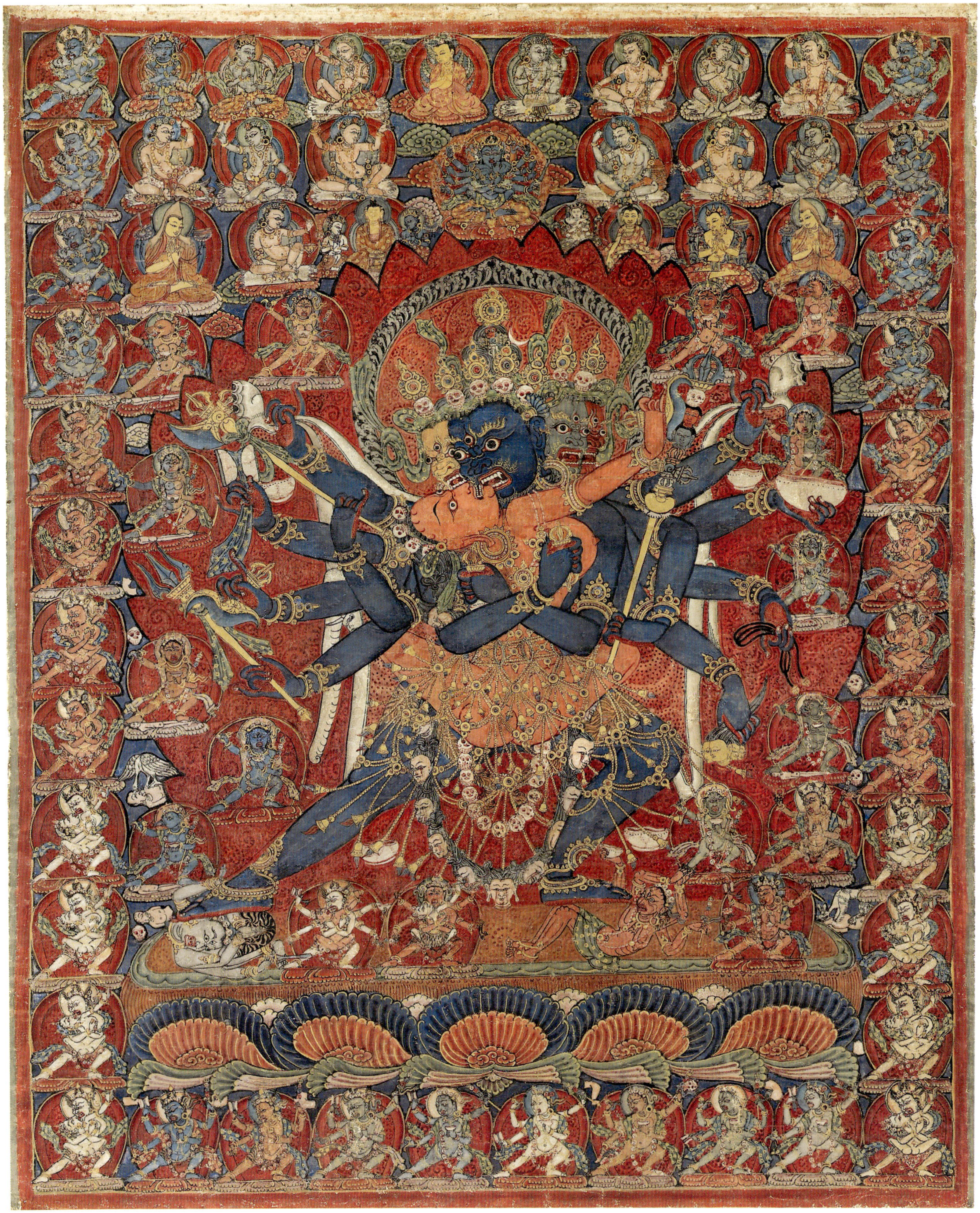

soir, mon sentiment de douce mélancolie, la voix de l'ami – tout est ce moment d'automne. C'est ce que chante par exemple Keats dans son poème « À l'automne » dont voici la troisième strophe :

> *Où sont les chants du printemps ? Oui, où sont-ils ?*
> *N'y pense plus, tu as aussi tes harmonies :*
> *Pendant que de longues nuées fleurissent le jour qui doucement se meurt,*
> *Et nuancent d'une teinte de rose les chaumes de la plaine,*
> *Alors, en un chœur plaintif, les frêles moucherons se lamentent*
> *Parmi les saules de la rivière, soulevés*
> *Ou retombant, selon que le vent léger s'anime ou meurt ;*
> *Et les agneaux déjà grands bêlent à pleine voix depuis les confins des collines ;*
> *Le rouge-gorge siffle dans un jardin*
> *Et les hirondelles qui s'assemblent trissent dans les cieux.*

Tout est vu dans la tonalité ouverte par l'automne qui révèle chaque chose, chaque être dans une manière donnée. Le tantra est la radicalisation de ce phénomène et touche ainsi au symbolisme qu'institue la dimension la plus propre de l'être humain.

Ces tonalités du monde, le mandala les chante. Il serait même légitime de définir le mandala comme une tonalité particulière du monde – tel l'automne ou la joie nue et rayonnante d'un premier moment du jour, ou encore une poignante et douce nostalgie – devenant pur poème.

De façon tout à fait étonnante, Martin Heidegger, dans un débat de fond avec l'histoire de la métaphysique occidentale, a été frappé par l'absence de considération pour ces tonalités qui, seules, découvre-t-il, nous ouvrent le monde. Notre conception de l'opposition entre le corps – dont les passions – et l'esprit – avec la raison – nous a profondément égarés. Pour Heidegger, la philosophie a ainsi été bien trop intellectuelle, piégée par la force du concept, et en a oublié l'évidence du monde qui ne peut être reconnue que si le phénomène absolument fondamental de cette *tonalité* (*Stimmung* en allemand) est compris. « Si un jour, écrit François Fédier, vous êtes tristes, vous voyez la lumière triste, les choses tristes, etc. – le monde vous apparaît triste. On peut aller jusqu'à traduire *Stimmung* par "ton", et le corps humain est toujours accordé à un certain ton. Quand on parle de l'âme d'un violon, il n'y a là rien de "spirituel", ça désigne le violon dans sa propre couleur de résonance – c'est une très bonne image pour caractériser le corps. Le corps humain est vibratoire, non pas comme un corps physique vibre, mais parce qu'il répond à tout alentour, et cette réponse c'est la *Stimmung*[25]. »

Le tantra a pensé cette tonalité de la *Stimmung* d'une manière très radicale comme déité. La déité n'est pas un dieu que je dois prier de peur qu'il me punisse, que je pourrais fléchir par des dons, mais une tonalité de fond qui me regarde.

C'est pour cette raison que chaque mandala a une tonalité, une couleur qui prédomine – c'est la présence même de la déité qui se trouve en son centre sous une forme iconique, symbolique ou même simplement comme syllabe originaire. Cette tonalité inclut les autres dans une harmonie qui se veut complète.

STRUCTURE ET SYMBOLISME D'UN MANDALA

Un portrait de l'esprit humain

Avant d'avoir un rôle liturgique ou d'être un mélange d'ordre et d'harmonie, le mandala est un portrait de l'esprit humain – un portrait qui révèle sa vérité profonde et son possible le plus haut.

Dans le corpus de la tradition bouddhique, la personne humaine est décrite comme une combinaison de cinq ensembles d'éléments ou groupes nommés *skandhas*. Le tantra s'appuie sur cette analyse de la constitution de l'ego.

Par ordre de subtilité ce sont :

1. RÛPA-SKANDHA. La solidification de l'espace ouvert qui nous donne un premier sentiment d'existence. Rûpa est souvent traduit par « forme », et désigne la première manifestation individualisée de toute chose. C'est le moment de crispation initiale qui nous fait perdre le sens originel d'unité.

2. VEDANÂ-SKANDHA. Dans le souci de définir plus précisément notre expérience, de mieux l'enfermer et la contrôler, nous cherchons ensuite à sentir cette forme. Le deuxième skandha correspond à la naissance des sensations et sentiments (Vedanâ) qui comprennent toutes les réactions provoquées par des impressions sensorielles vues en termes de plaisir ou de déplaisir.

3. SAMJNÂ-SKANDHA. Ce mouvement de naissance de la dualité est confirmé par l'effort pour établir une relation avec ce que nous sentons à l'aide d'une « table de contrôle du mécanisme de la sensation[26] ». Sur cette base, nous établissons des distinctions (Samjnâ) et des jugements fondés sur la haine, le désir et la stupidité.

4. SAMSKÂRA-SKANDHA. Le groupe suivant est constitué des formations mentales ou concepts (Samskâra) que nous utilisons presque mécaniquement pour donner au moi un territoire encore plus ample et solide. Nous catégorisons désormais tout en « bon », « mauvais », « laid », etc.

5. VIJNÂNA-SKANDHA. Enfin, pour clore le processus, la conscience (Vijnâna) combine et coordonne toutes les fonctions précédentes et donne ainsi à notre être le sentiment d'une continuité.

Ce que nous appelons « moi » est cette construction de blocs épars que nous essayons de faire tenir ensemble.

Le mandala est leur métamorphose, leur transmutation : l'ignorance de base devient *la sagesse semblable au miroir*, la sensation avide devient *la sagesse de l'équanimité d'une richesse éclatante et infinie*, la discrimination confuse et vaine devient *la sagesse du cœur intelligent*, la paranoïa des concepts devient *la sagesse de l'action accomplie*, et la conscience aveugle devient *la sagesse de l'espace à même de tout accommoder*. Ces cinq sagesses sont autant de « familles-de-bouddha » qui structurent la topologie de l'énergie de l'éveil.

Si vous voulez comprendre ce qu'est un mandala, le plus important est de vous familiariser avec ces cinq sagesses qui correspondent chacune à une des tonalités (*Stimmung*) de fond et aux cinq éléments.

La famille de la sagesse semblable au miroir, de couleur bleue, est associée à l'eau. Elle se nomme *vajra* comme le diamant qui tranche toute confusion avec la plus vive clarté.

La famille de la sagesse de l'équanimité d'une richesse éclatante et infinie, de couleur jaune, est associée à la terre dont elle a la solidité et la fonction nourricière. Elle se nomme *ratna* comme le joyau qui exauce tous les souhaits.

La famille de la sagesse du cœur intelligent, de couleur rouge, est liée au feu qui brûle ce qui doit l'être et qui manifeste la plus parfaite intensité. Elle est nommée *padma* comme le lotus qui naissant de la boue se manifeste dans la beauté la plus éclatante.

La famille de l'action parfaite, de couleur verte, est associée à l'élément du vent. Elle est nommée *karma*, terme qui a la même racine que notre mot « créer » et désigne le jeu libéré de l'action sans cesse renouvelée.

La sagesse qui accommode tout est blanche et est nommée *Bouddha*. Elle est associée à l'espace primordial.

Ces cinq familles structurent tout le mandala. Elles sont bien plus qu'une façon de décrire la psychologie humaine, elles évoquent la réalité des diverses saisons, des éléments, des moments de la journée, comme des tempéraments des êtres. Le plus déconcertant dans une telle approche est qu'elle ne repose pas du tout sur la séparation entre intériorité et extériorité.

Tout aussi déconcertant, les cinq familles-de-bouddha nous parlent une langue où il est impossible de saisir la sagesse sans la confusion, la confusion sans la sagesse : en ce sens, percevoir les énergies des familles-de-bouddha tant chez les êtres que dans les situations de la vie courante, c'est se rendre compte que la confusion se laisse travailler. Nous pouvons alors entrer en relation de manière complètement personnelle avec la réalité. Chögyam Trungpa conseillait même, pour travailler avec les cinq familles-de-bouddha, de prendre « une pierre ou une petite branche et de l'observer à partir de chacun de ses cinq aspects distincts. Pour chaque famille, une perspective entièrement différente commencera à prendre naissance ». En faisant cet exercice, nous sommes dans le mandala – qui est précisément le jeu spontané des cinq dimensions de l'être[27].

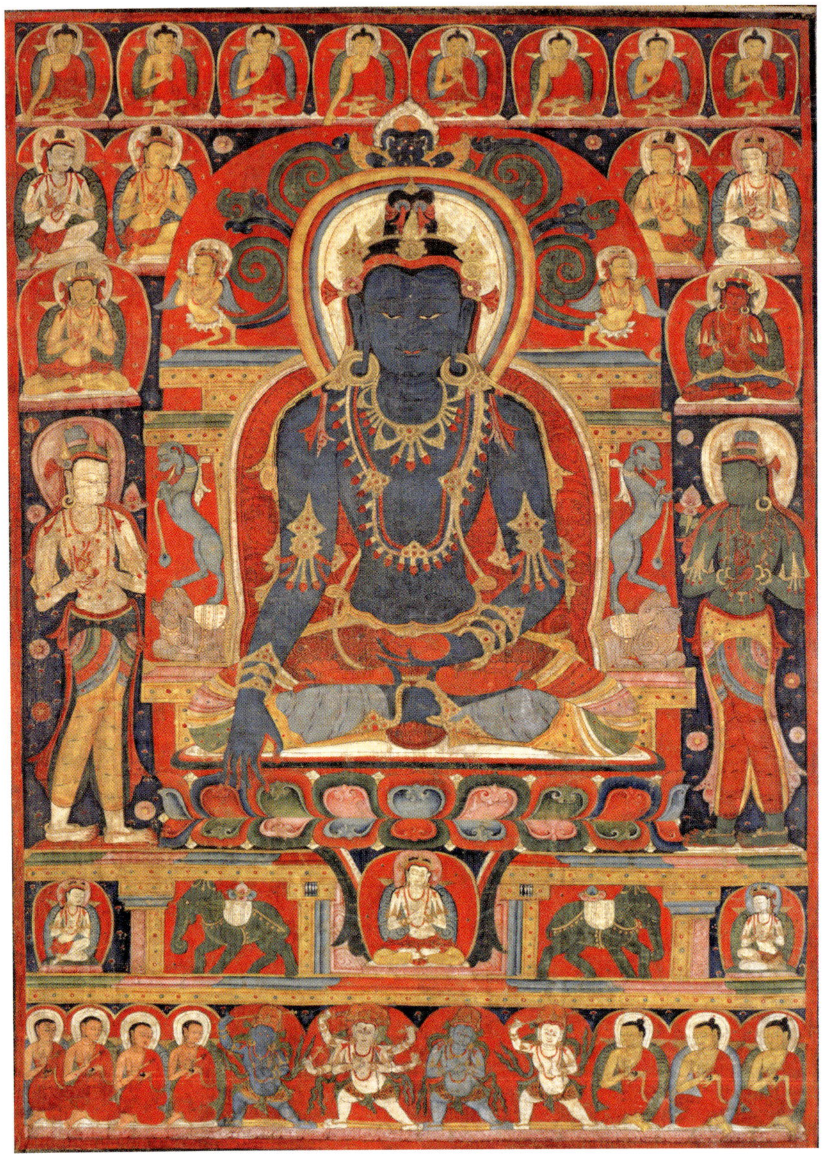

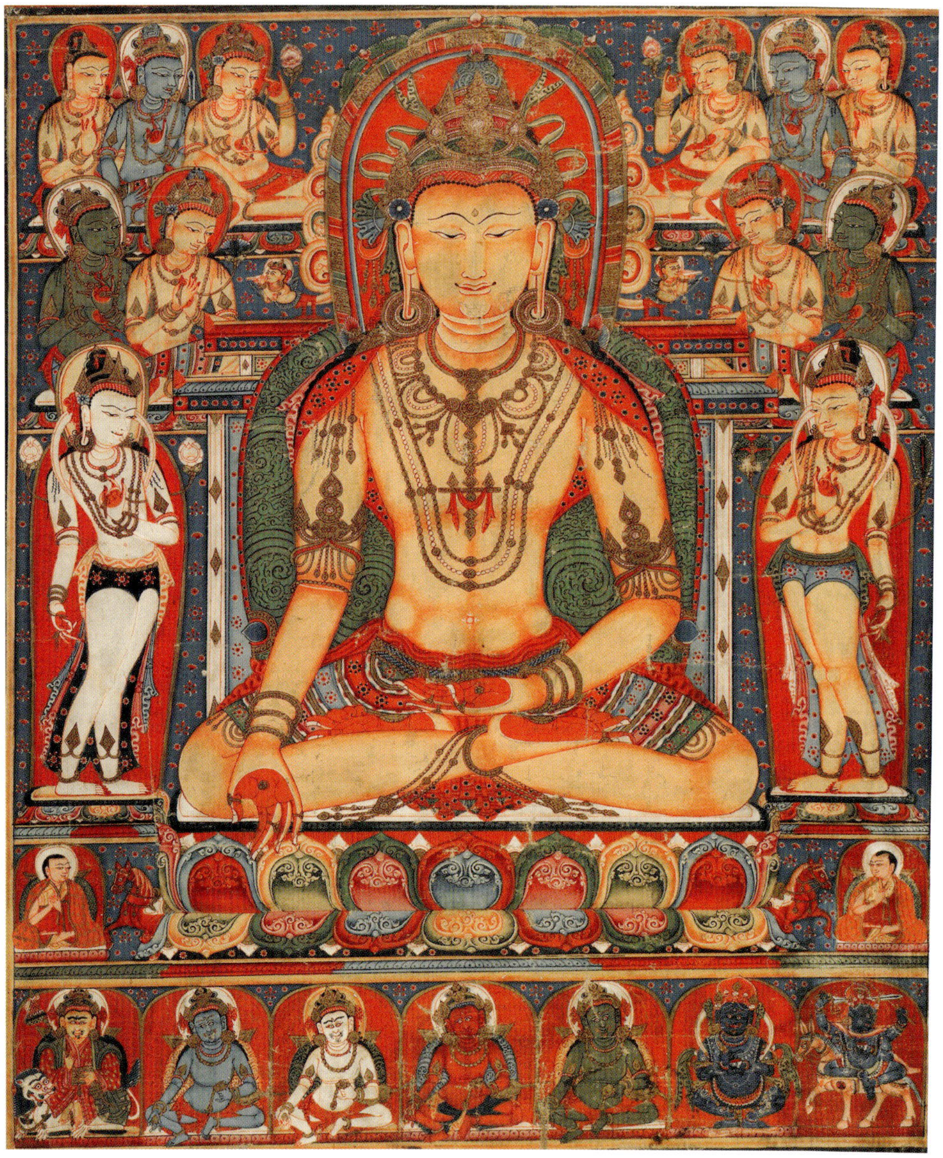

Les cinq bouddhas : Akshobhya, Tibet, XIIIe siècle, collection Zimmerman ; Ratnasambhava, Tibet, XIVe siècle, New York, Rubin Museum of Art ; Amitâbha, Tibet, XIXe siècle, New York, Rubin Museum of Art ; Amoghasiddhi, Tibet, XIVe siècle, collection of Salvador P. Fuss ; Vairocana, Tibet, XVIIe siècle, Boston, Museum of Fine Arts.

De gauche à droite, on reconnaît les cinq bouddhas, présents dans la plupart des mandalas : Akshobhya de couleur bleue, le Bouddha de la famille du savoir illimité ; Ratnasambhava de couleur jaune, le Bouddha de la famille de l'abondance ; Amitâbha de couleur rouge, le Bouddha de la famille de l'amour infini ; Amoghasiddhi de couleur verte, le Bouddha de la famille de l'action sans faille ; Vairocana de couleur blanche, le Bouddha de la famille de l'espace pur. Ils font chacun un geste (*mudra*) différent.

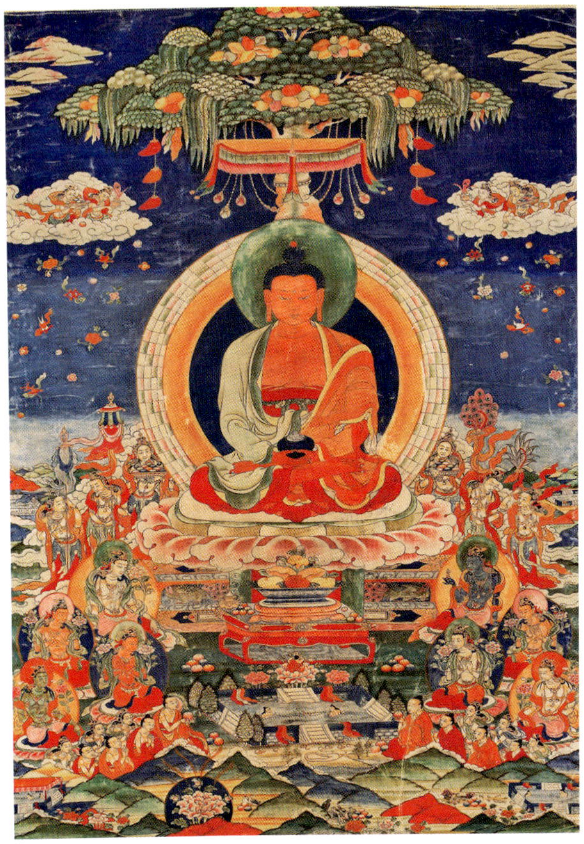

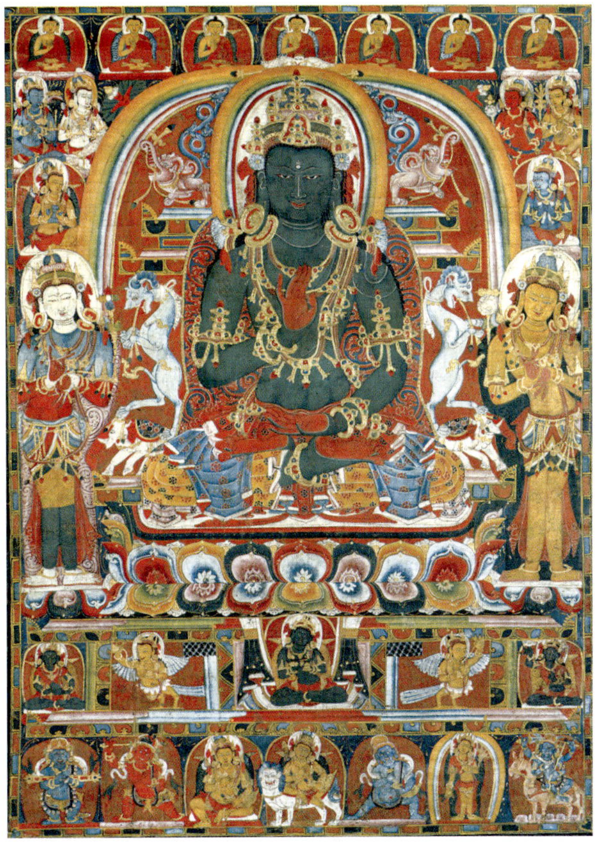

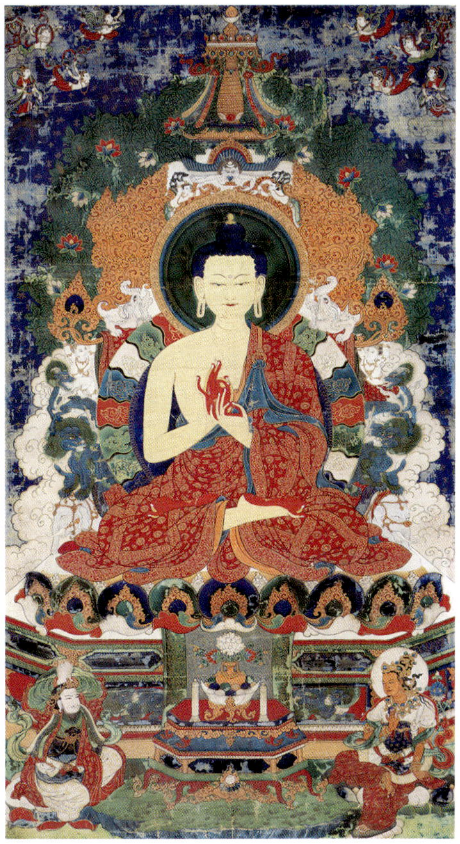

Une voie symbolique

Lorsque nous sommes malheureux, coupés de l'ampleur du ciel et de l'arche de la terre, que notre corps nous rebute voire nous semble un ennemi, lorsque les êtres humains ne nous sont plus proches, nous font peur, que le monde est inhospitalier, les raisonnements ne peuvent pas nous aider. Seuls peuvent nous guérir un souffle qui éveille notre cœur, une parole qui nous touche, un chant qui nous rappelle à l'immensité obscurcie. La voie symbolique, c'est-à-dire poétique, est une alliée précieuse. Dessiner un cercle et y placer au centre un point – le schéma premier du mandala – c'est apprendre à poser son être tout entier. Retrouver un horizon.

Dans le mandala, tout est symbole, c'est-à-dire tout est à la fois parole et chant, comme dans un poème où les mots ont à la fois un sens et une résonance.

Tel est le langage symbolique que, par une très grande confusion, nous assimilons à la connaissance intellectuelle. Mais le symbolisme ne se comprend pas à partir d'un dictionnaire. Découvrir que l'abeille est le symbole de l'intelligence divine n'est pas entrer dans la voie du symbole qui ne s'ouvre que pour autant que nous accueillons l'abeille et la laissons nous parler. On peut alors découvrir que le miel, par son incomparable douceur, est un pur miracle de la nature et comprendre pourquoi celui qui parle la langue la plus belle semble en avoir reçu sur ses lèvres, de l'insecte doré. Selon la légende s'explique ainsi le divin talent de Pindare comme de Platon. Leur parole est douce et suave comme le miel car une abeille se posa sur leurs lèvres.

Pour comprendre le mandala, nous devons nous familiariser avec cette langue symbolique, que l'on a parfois nommée « la langue des oiseaux ». L'expérience à laquelle cette langue nous invite est très simple même si elle nous est devenue inhabituelle. Le poète anglais Keats, comme tout véritable poète, nous le rappelle. Ce sont nos idées, explique-t-il, auxquelles nous croyons tant, qui sont aussi étroites que fausses. Elles « voilent la parole, embrument l'esprit, freinent la mouvance[28] ». Keats affirme même que « la vie d'un homme de quelque valeur est une allégorie continuelle, et très peu de regards savent en percer le mystère ; c'est une vie qui, comme les Écritures, figure autre chose, et ces gens-là ne peuvent pas plus la déchiffrer que la Bible en hébreu[29] ». En effet, chaque chose, chaque situation, chaque être dit autre chose que le simple sens littéral. Je te serre la main – voilà un symbole ! Une possibilité de continuer à respirer ! Je manifeste quelque chose qu'aucune formule ne peut dire – et cela peut avoir un impact très fort. Non un geste mécanique, mais un symbole assumé. Ce fut le cas, pour prendre un exemple frappant, lors de la 70e commémoration de la bataille de Verdun, où François Mitterrand et Helmut Kohl se tinrent la main sur le lieu même de la bataille la plus meurtrière de la Première Guerre mondiale.

Mais il faut aller encore bien plus avant et pressentir combien la langue symbolique nous permet, au quotidien, dans toutes les situations de l'existence, de déchiffrer le « livre du monde » et l'ampleur vivifiante.

Il ne s'agit donc pas de savoir ce qu'est un mandala, mais de se laisser transformer par sa présence. De simplement le regarder. De le laisser nous regarder. Nous orienter.

Certes, comprendre le mandala implique de connaître la complexité du symbolisme qui est aussi riche que celle de la langue mathématique par exemple, ou celle qui permet l'écriture d'une carte de géographie. Mais, à la différence de ces disciplines, le savoir du symbolisme touche à la racine même de notre être. Il nous parle avant tout discours.

Description symbolique d'un mandala

Lorsque l'on entre dans un mandala, si l'on part de la périphérie pour se rendre au centre, voici les principaux éléments que nous allons rencontrer.

Les cercles de protection

Le mandala est entouré de cercles qui en assurent la protection. Cette protection du mandala est toutefois à l'antipode de notre conception de la sécurité : « Il s'agit, explique Chögyam Trungpa, de dissiper les obstacles et les menaces. Toute menace à l'intelligence est supprimée. C'est ça, la protection dont on parle. [Elle] se distingue de l'attitude parano qui veut qu'on se prémunisse contre quelque chose, qu'on pare à une chose ou une autre[30]. » La protection ne signifie donc nullement de chercher un état libre de tous risques, en s'enfermant dans une bulle identitaire et sécurisée, mais implique de favoriser une atmosphère de complète sincérité. Le mandala n'est pas un lieu dans lequel on pourrait fuir nos difficultés, où venir s'abriter, il est l'espace véridique du non-moi.

Pour y pénétrer, il importe de se confronter à ce qui, en soi, s'y oppose.

CERCLE DE FEU

Le premier cercle est constitué de feu d'un barrage de flammes qui brûlent l'ignorance, et consument toute relation fausse à la réalité.

CERCLE DE VAJRAS

Cette première ceinture est suivie d'une seconde faite de vajras. Dans l'Inde prébouddhique, le vajra représentait le sceptre du puissant dieu Indra, chef du panthéon védique. Supposé fait d'une substance météorique, il s'abat comme la foudre. Il évoque la puissance invincible de l'esprit d'éveil capable de détruire tous les obstacles. Ce cercle de vajras représente une sorte de structure en forme de chapiteau dans lequel est inscrit le palais. En lui, le mandala est protégé.

La proclamation de la vérité est une insulte au vain souci que tout nous soit confortable et bénéfique. Les témoins de la vérité ont toujours été mis en danger. Socrate fut condamné à mort, Giordano Bruno conduit sur le bûcher... et Maître Eckart n'a dû son salut qu'à sa mort. Les hommes ont tendance à chercher à ce que rien d'important, rien de grand, rien de vrai ne leur soit montré, à ce que rien ne les remette en question et ouvre le champ de leur respiration. Or le mandala est la proclamation intrépide que la vie est possible, que la liberté est un risque, que l'amour est fou et sain. Le cercle de vajras est là pour nous rappeler qu'en ce lieu aucune compromission n'est autorisée.

Les huit cimetières

Il existe deux types principaux de mandala suivant que la déité centrale est paisible ou courroucée. Les déités paisibles sont animées par le souci de *pacifier* toute confusion, tout acharnement négatif comme tout ressentiment.

Les déités courroucées, très fréquentes, sont l'expression de la vérité la plus profonde. Leur invincible puissance est le fruit d'une compassion intense. Elles incarnent l'énergie qui pourfend toute hésitation et tout manque de confiance qui nous font opter pour des comportements aussi mesquins qu'idiots. Les déités anéantissent les obstacles externes et internes, mondains et spirituels. En général, les figures courroucées portent une couronne de cinq crânes et un collier de cinquante-deux têtes. Autant dire que la confusion ne leur fait pas peur, puisqu'elles la portent en ornement.

Les mandalas consacrés aux divinités courroucées ont la particularité de comporter huit cimetières, situés après le cercle de vajras. Selon la tradition, il existerait huit endroits effrayants situés dans diverses régions de l'Inde, où les ascètes se rendaient pour méditer. Ils symbolisent les huit aspects de la conscience individuelle ordinaire – nos

Mandala, Chine, XVIIIe siècle, Londres, British Museum.

Cette représentation d'un mandala comme palais impérial montre l'influence déterminante du bouddhisme tibétain à la cour de l'empereur chinois et plus particulièrement sous Qianlong à l'époque des Qing. Le palais n'est plus un ensemble architectural mondain, mais une image d'un monde parfait dont chaque élément symbolise la doctrine de l'Éveil. C'est le même que l'on trouve au centre des peintures de mandala et qui accueille la déité.

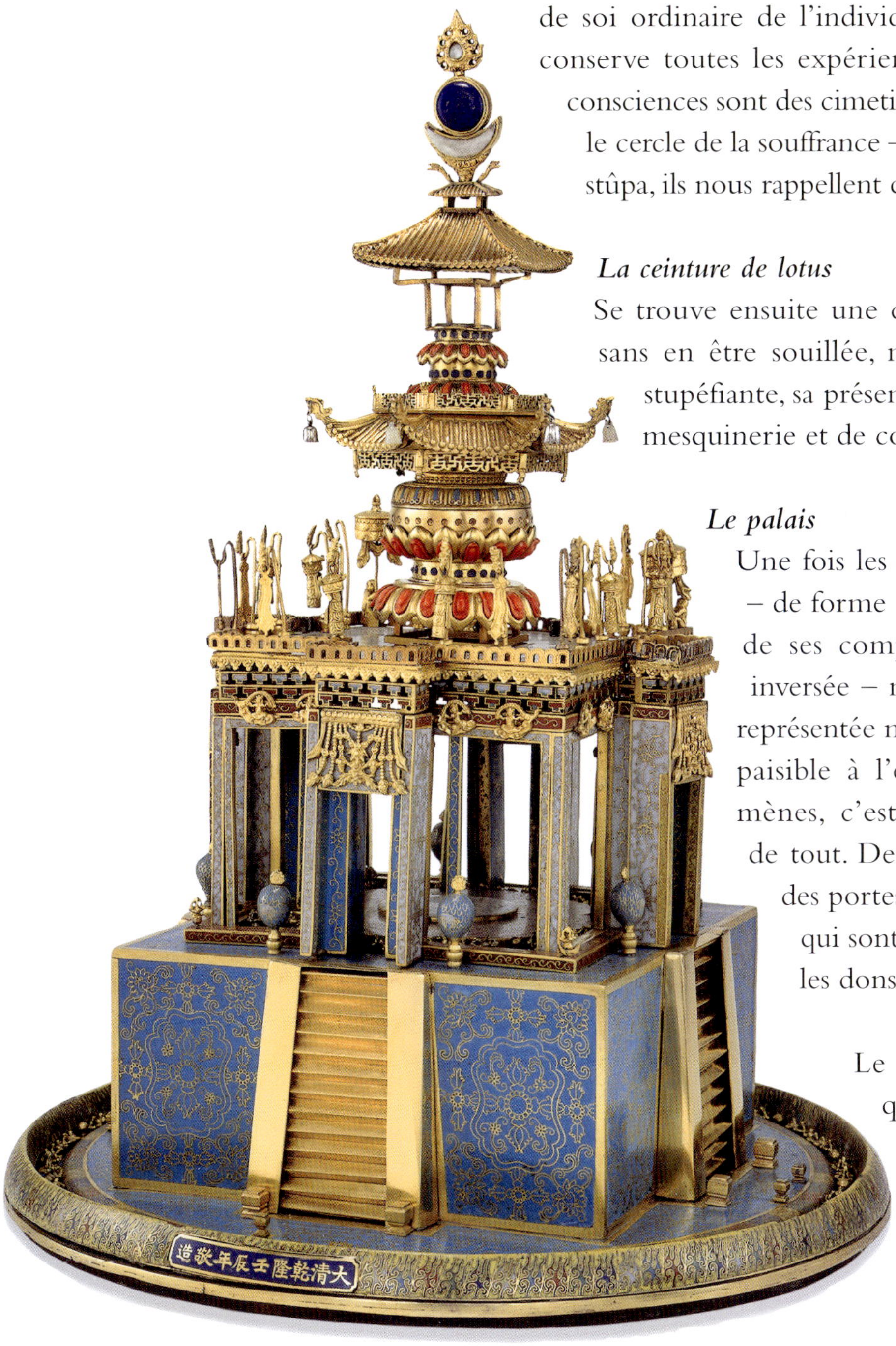

cinq sens auxquels s'ajoutent l'esprit, considéré comme un sixième sens, la conscience de soi ordinaire de l'individu (*vijnâna*) et la conscience réservoir qui recueille et conserve toutes les expériences personnelles et collectives (*alayavijnâna*). Les huit consciences sont des cimetières car elles sont la cause de notre conditionnement dans le cercle de la souffrance – le samsara. Présents dans le mandala, avec en leur sein un stûpa, ils nous rappellent qu'au cœur de la confusion l'éveil est toujours possible.

La ceinture de lotus

Se trouve ensuite une ceinture de lotus. Comme cette fleur naît de la boue, sans en être souillée, mais en manifestant une pleine clarté et une beauté stupéfiante, sa présence est le signe que le palais est libre de toutes traces de mesquinerie et de confusion. Il est l'espace le plus pur.

Le palais

Une fois les cercles franchis, on entre dans le palais proprement dit – de forme généralement carrée –, qui est le domaine de la déité et de ses compagnes et compagnons. Il repose sur une pyramide inversée – nommée «source des dharmas» –, que l'on ne voit pas représentée mais qui est d'un rouge intense à l'intérieur et d'un blanc paisible à l'extérieur. Il symbolise la nature absolue des phéno mènes, c'est-à-dire la vacuité assimilée à une matrice, origine de tout. De nombreux éléments décorent le palais. Ainsi, chacune des portes est flanquée d'une bannière de victoire et d'un parasol qui sont deux des huit Symboles Auspicieux, qui commémorent les dons que reçut le Bouddha après qu'il eut atteint l'éveil.

Le palais est généralement constitué de quatre portes qui symbolisent les quatre libérations, ou moyens de libérer l'esprit. Elles sont, comme tout seuil, autant

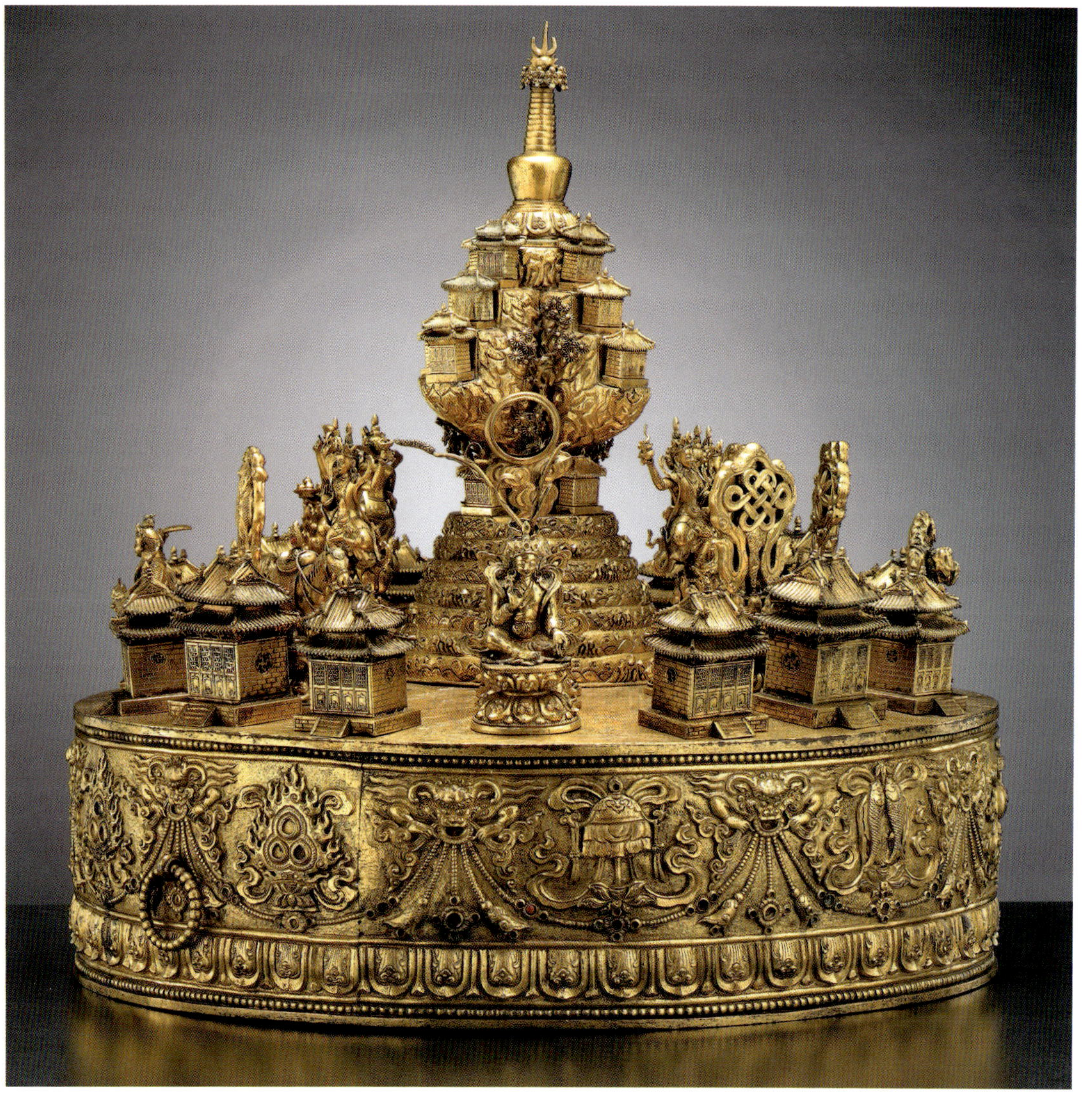

Cosmogramme, Tibet, XVIIIe siècle, Paris, musée Guimet.

Il existe d'infinies formes de représentations de mandalas, jusqu'à d'immenses reconstructions de palais ou comme ici par des cosmogrammes. Cette représentation symbolique de l'univers est organisée autour du centre, la montagne cosmique sur laquelle trône le stûpa, bâtiment bouddhiste par excellence. Présenté ici sous une forme tibétaine, il est entouré de nombreuses déités. Il est très important de comprendre que toute peinture de mandala est conçue comme un plan architectural, d'une construction en trois dimensions.

d'espaces de transmutation. Chacune d'elles est associée à l'une des cinq familles-de-bouddha.

L'Est est bleu et est relié à l'aube : « On commence à voir l'aube, lorsque la lumière se pose pour la première fois sur le monde, symbole de l'éveil de la réalité[31]. » La colère y est transmutée en clarté parfaite.

Le Sud est jaune doré et implique la transmutation de l'orgueil et du sentiment de pauvreté en sagesse impartiale de l'équanimité.

L'Ouest est rouge, et transmute la passion aveugle en sagesse de l'intuition discriminante.

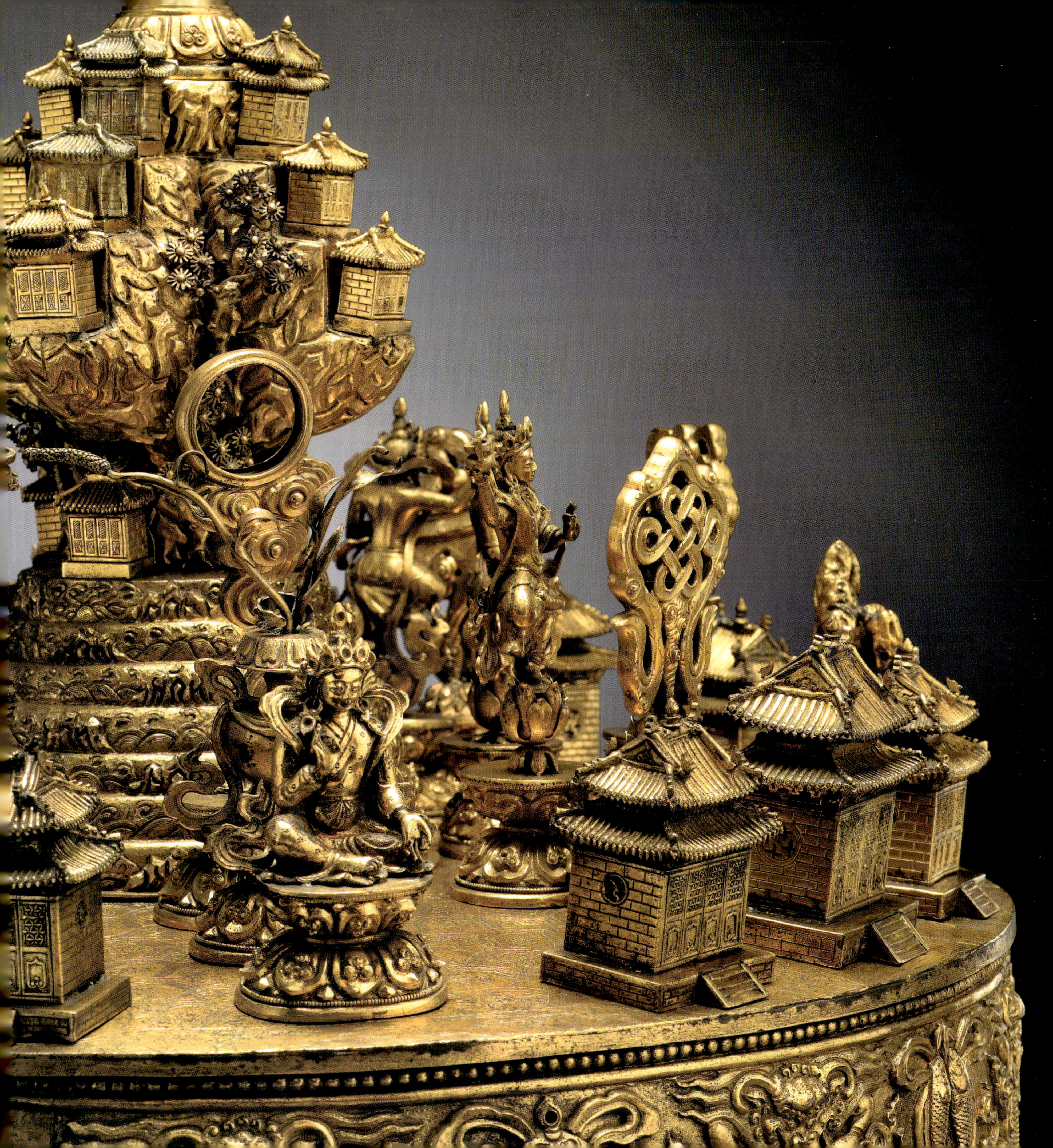

Le Nord est vert, et transmute l'esprit de compétition et la jalousie qui en découle en sagesse de l'action juste et parfaite.

Le centre est blanc, et transmute l'ignorance en sagesse qui accommode tout. Les couleurs ainsi que l'ordre où elles sont situées peuvent être différents selon les mandalas.

Les déités qui habitent le palais manifestent la ressource de chacune des familles-de-bouddha. Elles sont le plus souvent en union, même si ce n'est pas toujours de manière visible. Ainsi Vajrayoginî, la déesse rouge, apparaît seule. Mais son partenaire, Cakrasamvara, le principe masculin, est présent sous la forme symbolique d'un trident (*katvangha*) qu'elle tient contre son épaule. Cette position d'union symbolise la complétude de l'éveil, le dépassement de toute dualité.

Le mandala repose sur la défaite de notre vision habituelle et confuse (*samsârique*) de la réalité. Car si notre perception commune nous semble tout à fait réelle, elle est pourtant une construction mentale hasardeuse. Mais y a-t-il une réalité derrière les mirages que nous construisons ?

Cette question, qui a longtemps taraudé les penseurs bouddhistes, trouve là une réponse. Au-delà de nos constructions mentales, ce qui est, excède tout ce que nous pouvons en dire. Seul le langage symbolique est à même d'en témoigner. Voilà ce qu'est un mandala. Le visage de l'au-delà des élaborations fantomatiques que nous prenons tellement au sérieux.

PEINTURES, SCULPTURES ET ARCHITECTURES

Le monde symbolique du mandala se manifeste sous des visages très divers, qui permettent à chacun de mieux comprendre sa signification.

Le stûpa

Une des grandes questions de la tradition bouddhique est de garder mémoire de l'enseignement de son fondateur. C'est dans ce dessein que l'on a commencé à le représenter pour que chacun puisse faire l'épreuve de sa présence. Dans les premiers siècles qui ont suivi la vie du Bouddha, cette représentation était aniconique – on montrait par exemple l'empreinte de son pied avec, sur la plante, la roue du dharma, ou encore son trône vide. Le Bouddha n'étant plus physiquement présent, il nous reste ses traces, l'empreinte de la bouddhéité dans le monde.

Puis, quelques siècles plus tard, il fut figuré corporellement à la fois dans le Gandhara, sous l'influence grecque, et à Mathura.

Mais pour nous mettre en présence du Bouddha, plus important encore que ces images fut le monument du stûpa, sorte de mandala en trois dimensions. Ce qui confirme, si besoin était, combien la tradition du mandala, si elle vient d'un fonds tantrique, repose aussi sur la tradition bouddhique.

Un stûpa est un reliquaire, initialement édifié par les fidèles pour abriter, sur la suggestion du Bouddha, ses reliques. Et en effet, d'après la tradition, après la crémation du Bouddha, ses reliques furent partagées en huit parties qui furent distribuées aux huit rois venus lui rendre hommage à cette occasion. Elles furent enchâssées dans des monuments ayant pour dessein d'irradier la présence du Bouddha.

Selon une classification canonique, une sculpture du Bouddha nous expose à son corps, les textes à sa parole et le stûpa manifeste son esprit.

Le grand stûpa de Sanchi (IIe siècle ap. J.-C.) est une évocation de la souveraineté du Bouddha. La base représente la terre ; le dôme du tumulus, à l'origine couvert de

Le stûpa de Sanchi.

Un stûpa est un monument funéraire visant à recueillir les reliques du Bouddha. Sanchi est le plus ancien sanctuaire bouddhique existant et il est resté un lieu sacré essentiel en Inde jusqu'au XIIe siècle. Le dôme est à l'image du ciel. Il est surélevé d'un parasol qui représente les cieux des dieux, et sa base, octogonale, évoque la Terre. La structure des mandalas, avec le cercle dans un carré, est l'héritière de ces monuments symboliques. Elle est, en un certain sens, le schéma d'un stûpa vu de haut.

stuc blanc. À son sommet, une construction cubique, symbole du palais des trente-trois dieux, est surmontée d'une ombrelle à trois plateaux, figure de l'autorité du Bouddha et l'évocation des trois Joyaux : le Bouddha, le Dharma (les enseignements) et le Sangha (la communauté des pratiquants). Le stûpa est entouré, à la manière des mandalas, d'une balustrade de pierres protectrices ouverte aux quatre directions par quatre portes monumentales sculptées.

La structure architecturale d'un stûpa s'est peu à peu complexifiée, pour représenter les cinq éléments – la terre, l'eau, le feu, l'air et l'espace. Ces éléments sont en rapport aux cinq familles-de-bouddha. La terre est symbolisée par un carré jaune, l'eau par une sphère blanche, le feu par un triangle rouge – la flèche –, l'air ou le souffle par une forme demi sphérique verte – l'ombrelle – et l'espace par une forme ronde bleue – le soleil, la lune et le joyau. En sa perfection native, l'esprit possède cinq radiations : la vacuité, la lucidité, la mobilité, la solidité et la continuité. Ces cinq dimensions sont aussi celles des cinq éléments évoqués par l'architecture.

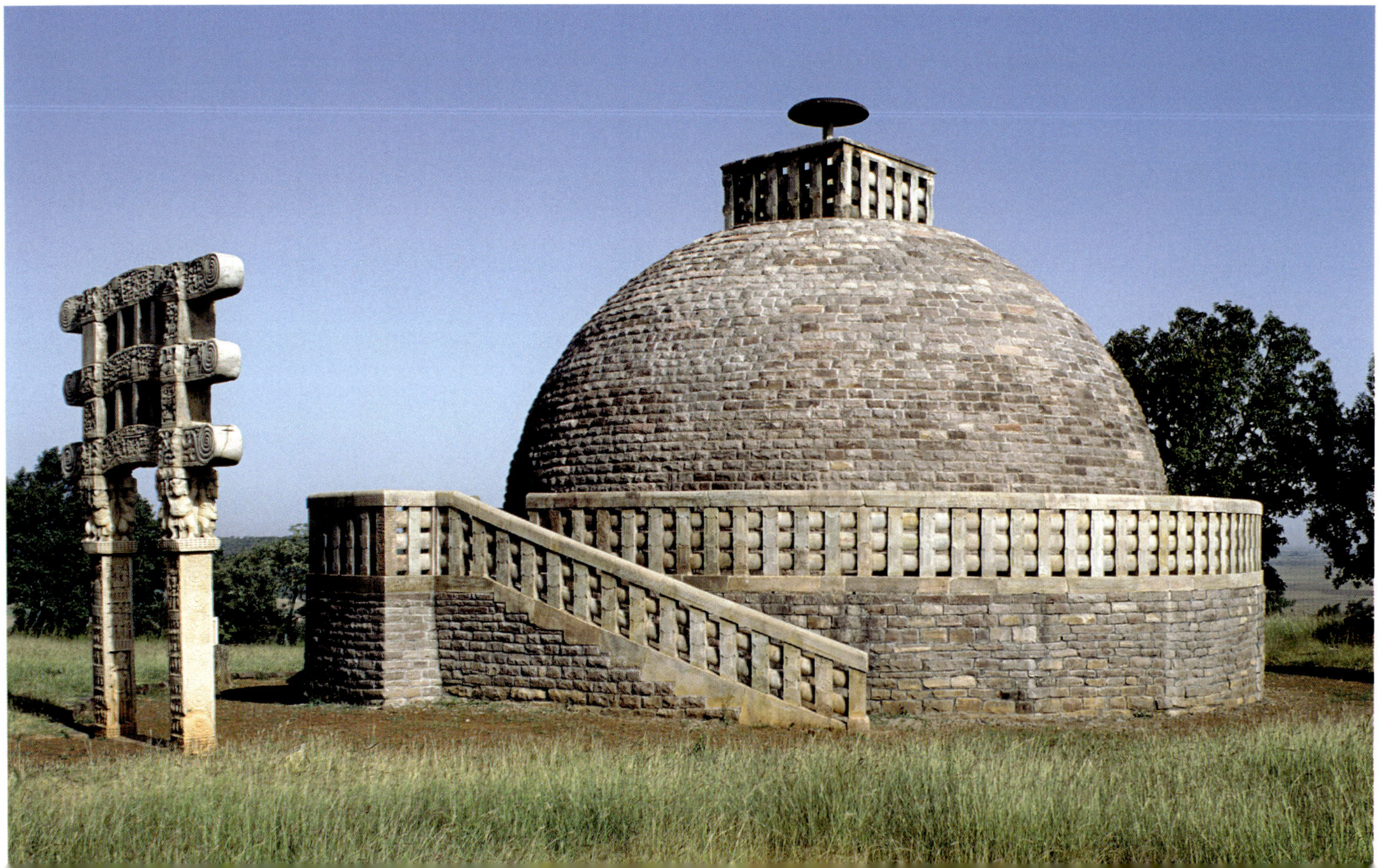

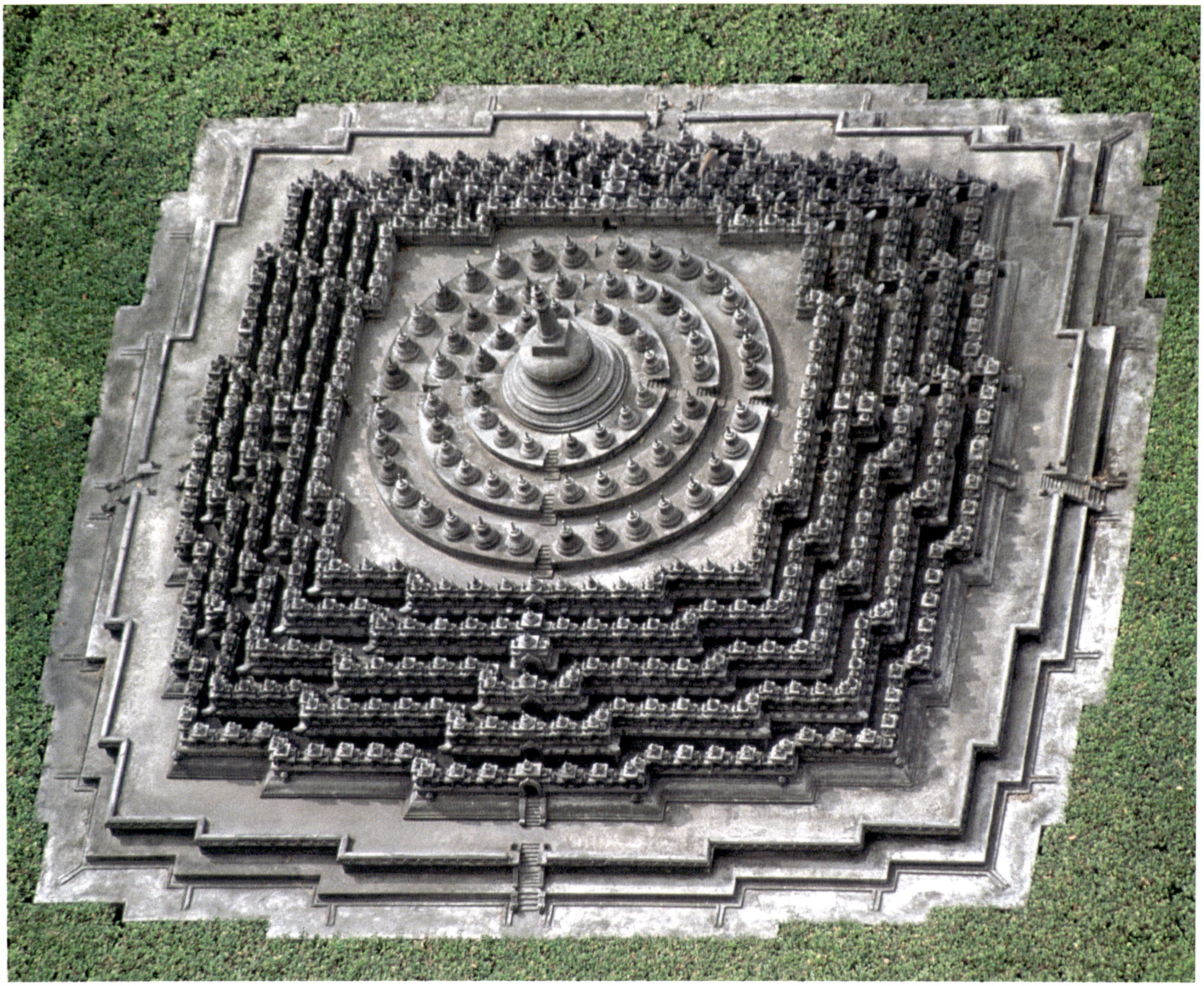

Borobudur, vue aérienne.

Le plus grand mandala jamais construit est le temple de Borobudur situé dans l'île de Java en Indonésie. Érigé au IXe siècle, il fut abandonné au XIe pour être redécouvert au XXe. Cet extraordinaire bâtiment permet d'entrer de plain-pied dans un mandala. Le parcours auquel il nous invite est conçu comme une révélation progressive qui conduit à travers les épisodes de la vie du Bouddha, à l'Ouvert inconditionnel de la vacuité au sommet. Borobudur nous rappelle que tout mandala est aussi un chemin.

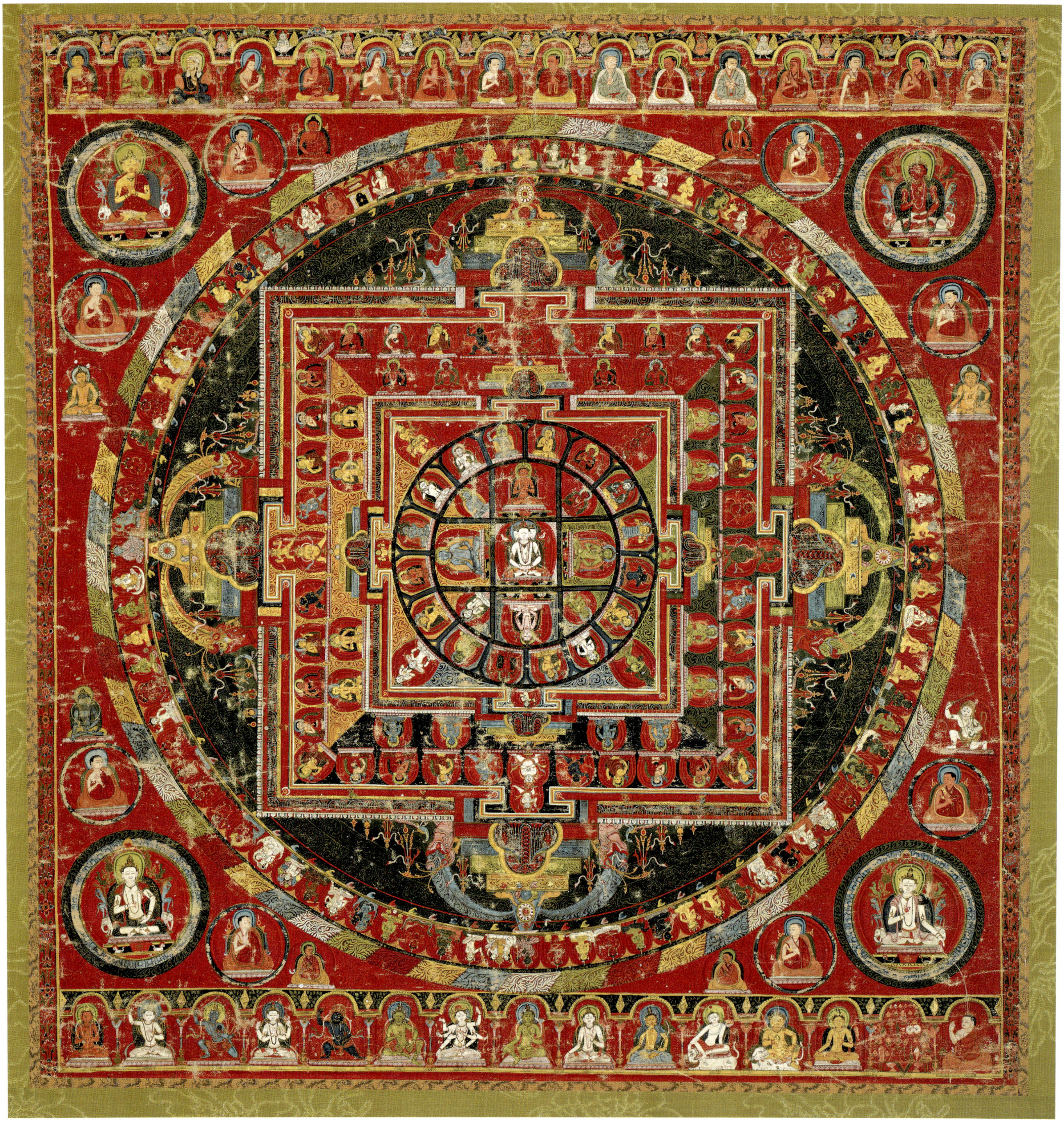

Le stûpa est ainsi le corps du Bouddha et cette analogie est accentuée par la présence des yeux dessinés sur le bâtiment. La flèche qui couronne le stûpa correspond alors à l'*ushnisha*, la protubérance crânienne qui est l'un des signes de l'éveil.

Ces deux approches – le stûpa comme ensemble des cinq éléments et comme image du corps – se répondent selon l'analogie entre le microcosme et le macrocosme. Notre corps et le monde sont en effet inséparables de notre propre esprit, dont la structure se reflète aussi bien dans l'un que dans l'autre.

Peindre un mandala

La peinture d'un mandala ne peut pas être comprise à partir de notre conception d'une œuvre d'art. Elle n'est pas faite par un artiste mais par un pratiquant, généralement un moine, qui travaille tout autant à réaliser une œuvre qu'à ouvrir son propre esprit. Il ne s'agit pas pour lui de s'exprimer personnellement, mais de respecter à la lettre les canons établis.

Il travaille avec une forme déterminée qu'il doit suivre. Voilà une manière tout à fait traditionnelle dc pointer la liberté naturelle de l'esprit. En suivant des règles fixes, l'artiste-méditant travaille sur son esprit – ses règles étant comme un miroir qui lui permet de s'ajuster. Quiconque aura eu la chance de voir des peintures de mandalas anciens aura été frappé de la perte de qualité de ceux qui sont réalisés aujourd'hui. D'un certain point de vue, ce n'est d'aucune importance. Le canon traditionnel reste non entaché et transmet le corps de la doctrine de manière semblable.

D'un autre côté, le fait que l'œuvre d'art ne soit plus mise en présence mais devienne simple imagerie est le signe que la tradition n'est plus vivante, mais un simple conservatoire de souvenirs. Le sens de l'œuvre d'art, même à l'intérieur d'un monde traditionnel, ne se réduit donc pas à la précision de son élaboration, mais doit devenir le support d'un souffle et d'une inspiration profonde et tangible.

Telle est la raison d'être de la modernité poétique sur laquelle nous reviendrons : retrouver un monde sacré par-dessus l'impossibilité où nous sommes de garder vivantes les traditions.

Mandala de Vairocana, Tibet, XVIe siècle, Boston, Museum of Fine Arts.

Vairocana, la grande lumière, sous son aspect Sarvavid, est l'omniscient. Il est représenté à quatre faces, les deux mains dans le giron. Aux quatre directions, on reconnaît dans le premier cercle les quatre autres bouddhas, accompagnés chacun, à leur gauche, par leurs parèdres, de la même couleur qu'eux. Puis dans le cercle suivant se trouvent seize déesses d'offrandes : encens, lumières, fleurs, eau lustrale… Se manifeste ainsi que le mandala est l'espace où tout est accordé et où le maître des lieux – chacun de nous en tant qu'il est la déité – est l'égal d'un Roi.

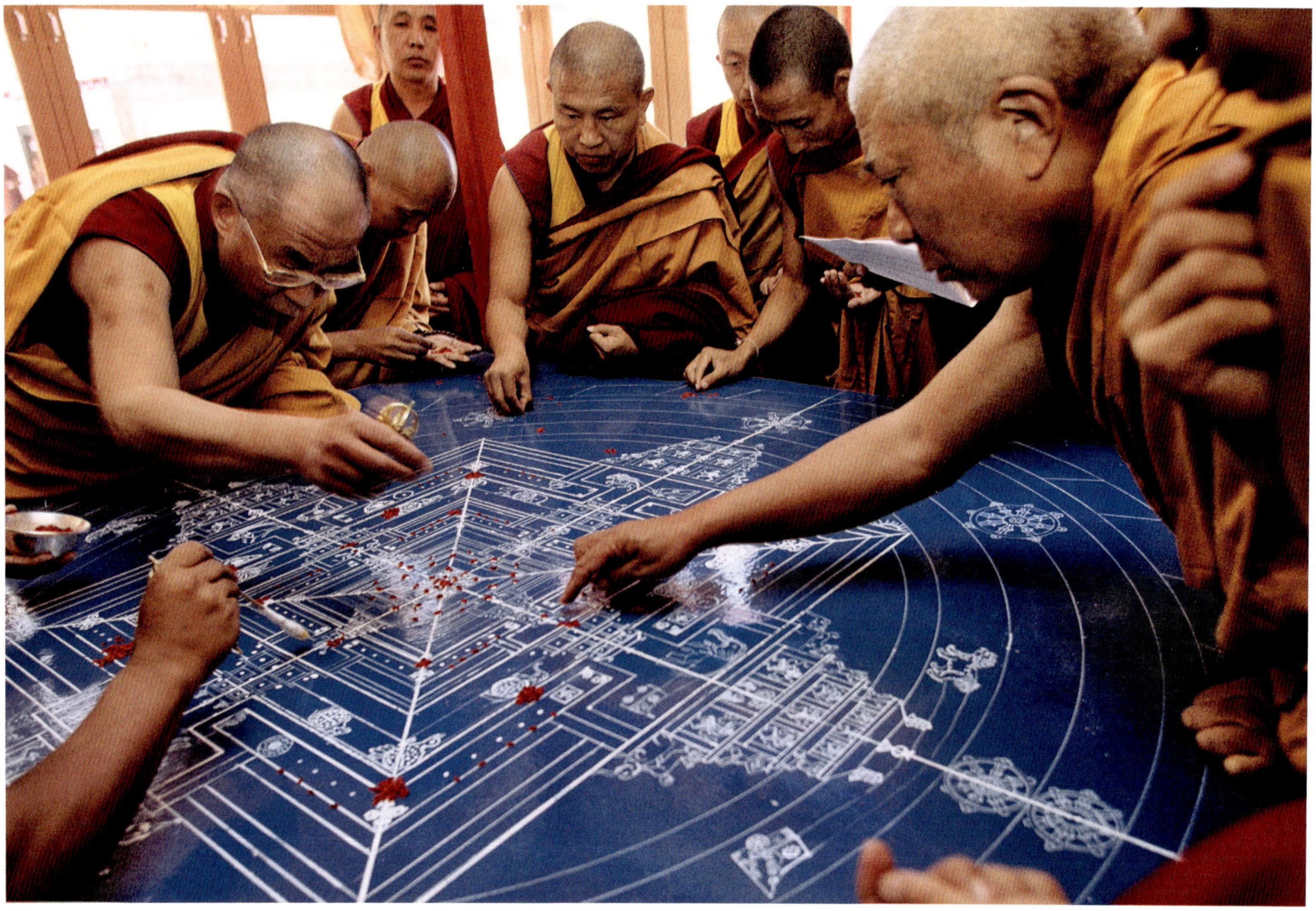

COMPOSER UN MANDALA EN POUDRE COLORÉE

Lors des initiations destinées aux profanes, un mandala est réalisé en grains de sable colorés. Cette œuvre est éphémère et détruite à la fin de la cérémonie.

L'ensemble du travail est hautement ritualisé. Les moines attachés à cette tâche commencent par tracer un diagramme à l'aide de règles, d'un compas et d'une corde imprégnée de craie qui sert à tracer les droites. On trace d'abord deux droites perpendiculaires, l'une orientée « est-ouest » et l'autre « sud-nord ». Leur point d'intersection détermine le centre du futur mandala. Les deux droites suivantes sont deux diagonales qui délimitent huit parts égales.

Le dessin du mandala de Kalachakra.

Le dalaï-lama participe à l'élaboration du mandala qui est un moment clef de la préparation à l'initiation (*abhisheka*) – la transmission qui ouvre l'étudiant à son être réel. Lors de l'initiation, le récipiendaire est invité à devenir comme un roi ou une reine et à établir un rapport parfaitement juste, confiant et digne avec le monde tout entier. Dans la perspective tantrique, nous sommes tous les rois ou les reines de notre univers et le mandala est la splendeur de cette situation où l'esprit, les émotions et le corps sont purifiés et libérés. L'initiation a pour dessein de nous le rappeler.

Après avoir dessiné les différents carrés, suivant le mandala choisi, une cérémonie de purification de l'espace a lieu. Elle est suivie de la mise en place des couleurs. Celle-ci se fait avec un long cône en métal, légèrement dentelé, percé d'un orifice – un *chakpu* – qui contient une poudre colorée. Le moine artiste le tient posé sur la paume de sa main gauche, tenu par le pouce. De la main droite, il tient un cône similaire, mais vide, qu'il frotte contre la surface rugueuse du premier. La vibration ainsi produite permet au sable de s'écouler plus ou moins rapidement selon la pression exercée ou la vitesse avec laquelle le cône de droite frotte celui de gauche. Les cônes ont des orifices plus ou moins larges.

Enfin, dans certains cas, des mandalas en trois dimensions sont réalisés, permettant de mieux prendre en vue la complexité du monde présenté. Ces représentations sont d'autant plus essentielles, que le mandala est un support de méditation. Elles aident le pratiquant à se repérer dans sa pratique qui le conduit à visualiser le mandala dans tous ses détails, et s'y sentir à demeure.

Le corps humain comme un mandala interne

Le mandala est aussi notre propre corps – devenant monde. Une instruction tantrique enjoint le pratiquant à une transmutation de son corps ordinaire :

> “ *Avec les os, forme les piliers, la chaîne de vajra et le cercle de la terre divisé en sections.*
> *Avec la bile, forme le soleil, avec le phlegme, la lune et avec les veines subtiles, les lotus.*
> *Avec la veine du temps, forme le lotus du Maître, et avec la peau, les cercles de l'air et du feu.*
> *Avec les orifices du corps, forme les douze portes, avec les rangées de dents, les parures des joyaux.*
> *Avec les ongles, forme les huit roues du cercle de l'air, à l'emplacement des champs de crémation.*
> *Avec les poils, forme les rayons de lumière vajra, irradiant aux directions cardinales et collatérales du disque du mandala*[32].

L'invitation qui est ici faite consiste à ne plus concevoir le corps comme un moyen d'auto-affirmation de son existence personnelle, mais à le voir en sa corrélation avec l'unité entière du monde.

Notre corps est conçu dans cette perspective comme parcouru de soixante-douze mille canaux (*nadî*) traversés de souffles de vie (*prâna*). Mais le plus important sont les trois canaux principaux. Celui qui se trouve au centre passe par les parties génitales, le milieu du corps jusqu'au sommet de la tête où il se courbe vers l'avant pour finir entre les deux yeux. Un canal blanc se trouve à gauche et un canal rouge à droite pour les hommes, et d'une manière inversée pour les femmes.

À certains endroits du canal central se trouvent plusieurs roues (*chakras*), dont le nombre est variable. Ces roues ont souvent la forme de fleurs de lotus. Elles se situent au niveau du nombril, du cœur, de la gorge, du front et du sommet du crâne.

On retrouve dans le corps le jeu des cinq éléments, liés aux cinq familles-de-bouddha. Les orifices et l'étendue dans laquelle se trouvent les organes relèvent de l'élément espace. La respiration est reliée à l'élément air, la chaleur au feu et tous les liquides – sang, salive, sueur et urines – sont de la nature de l'élément eau. Toutes les parties solides – chair et os – correspondent à l'élément terre.

Notre univers est un mandala

L'univers tout entier est aussi un mandala. En son centre, se trouve le mont Meru, montagne mythique, à l'instar du Kunlun pour la Chine, l'Olympe grec, la Kaaba de La Mecque, la « montagne blanche » celtique, le Montsalvat du Graal. Comme l'écrit René Daumal dans son récit symbolique, *Le Mont Analogue* : « La Montagne est le lien entre la Terre et le Ciel. Son sommet unique touche au monde de l'éternité, et sa base se ramifie en contreforts multiples dans le monde des mortels. Elle est la voie par laquelle l'homme peut s'élever à la divinité, et la divinité se révéler à l'homme[33]. »

Le mont Meru est décrit comme la montagne axiale, dont chacune des quatre faces est constituée d'une pierre précieuse : cristal sur la face tournée vers l'Est, lapis-lazuli au Sud, rubis à l'Ouest, émeraude au Nord. Autour de lui, se trouvent sept chaînes de montagnes quadrangulaires, séparées par des océans. Autour de ces montagnes, quatre continents principaux sont situés aux quatre points cardinaux. Chacun de ces continents est flanqué de deux sub-continents satellites, et enfin, une muraille de montagnes de fer encercle l'ensemble.

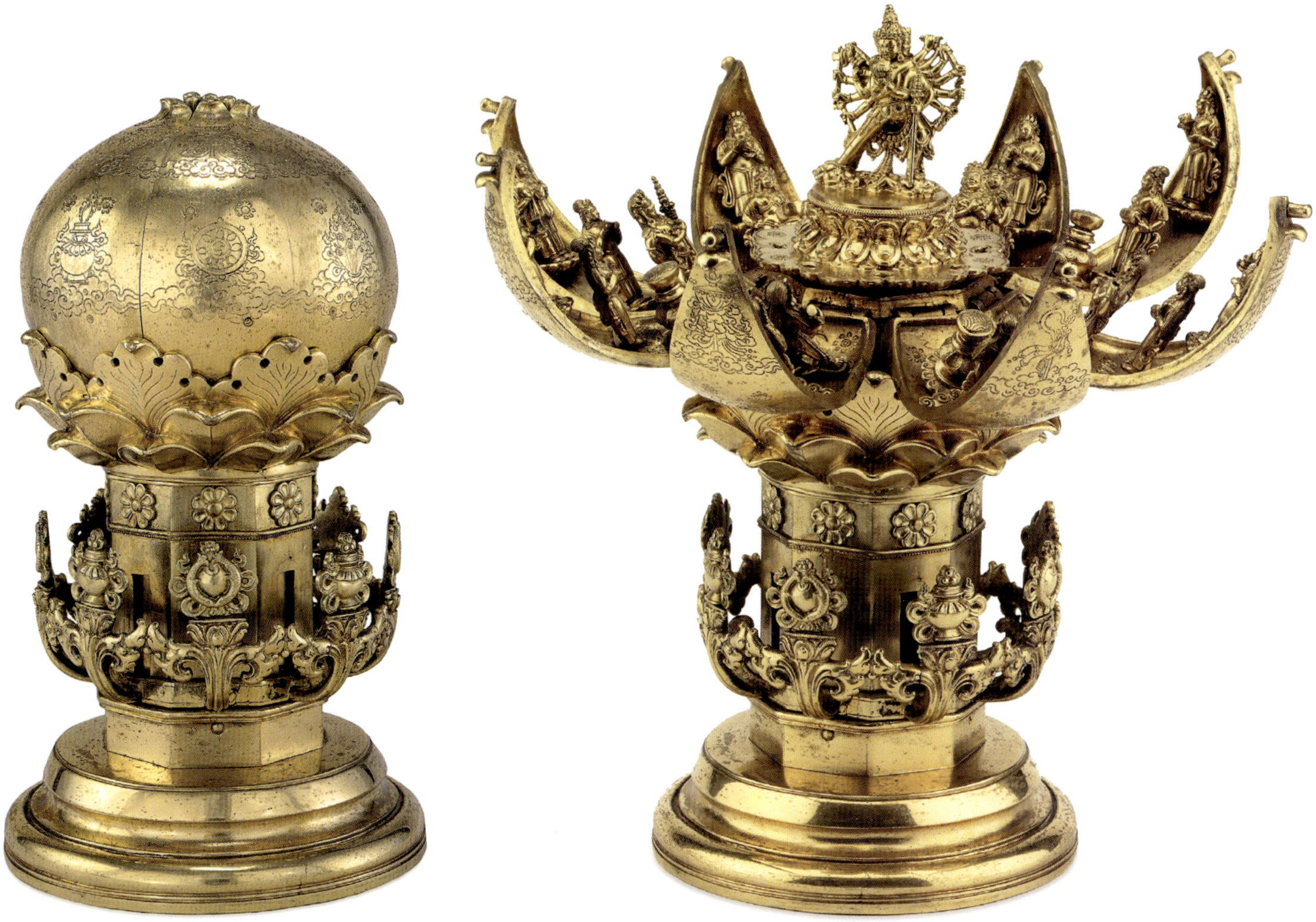

Mandala en bouton de fleur, bronze doré, Chine, dynastie Qing, XVIIe-XVIIIe siècle, Londres, British Museum.

On retrouve au centre de ce mandala – qui peut se fermer ou s'ouvrir comme une fleur – une déité en union avec sa parèdre, entourée de diverses déités sur les huit pétales. Sur l'extérieur, les dessins représentent les signes auspicieux et d'emblèmes traditionnels : le cheval, l'éléphant, la roue, le parasol, les trois joyaux…

Le sommet du mont Meru est le lieu de résidence des quatre rois gardiens, des trente-trois principaux dieux, et sur la plus haute cime, la demeure du bouddha céleste. Certaines montagnes comme le mont Kailash avec sa base quadrangulaire et sa cime ont été assimilées à ce mont mythique. Et lorsque fut construit le premier monastère au Tibet au VIIIe siècle à Samye, il le fut en suivant le schéma d'un mandala, avec en son centre un bâtiment central, image de cette montagne. Il était entouré de quatre autres bâtiments aux différentes directions cardinales. D'une manière analogue, toute habitation, dans le monde traditionnel indo-tibétain, est construite comme un mandala instituant un centre, par lequel l'*axis mundi* qui le traverse met les habitants en relation avec les trois sphères d'existences, infernale, atmosphérique et céleste. Comme le note Tucci : « L'entrée dans le temple n'est pas seulement l'entrée dans un lieu consacré, mais l'entrée dans le *mysterium magnum*. Celui qui accomplit avec une conscience pure le rite de la circumambulation et qui visite, selon les règles prescrites, le temple point par point, parcourt le mécanisme du monde[34]. » En un sens élargi, toute demeure, notre appartement même, devrait être perçue comme un temple, ouvrant au cosmos tout entier.

PRATIQUES DU MANDALA

L'offrande du mandala

Cette splendeur d'un mandala, le pratiquant du tantra apprend à l'offrir pour manifester sa reconnaissance envers ceux qui le lui montrent, qui l'éveillent à la beauté de l'existence.

Au début d'un enseignement bouddhiste, dans le monde tibétain, on demande au maître de tourner la roue du dharma – c'est-à-dire d'enseigner – et on lui offre un mandala – c'est-à-dire l'univers tout entier sous une forme symbolique. Il s'agit alors, sur un récipient en métal plus ou moins précieux, de verser du riz safrané et de le lui offrir.

Ce geste est l'expression de notre gratitude pour l'enseignement reçu.

J'ai remarqué, lorsque je suivais les cours de philosophie de mon professeur qui était un enseignant hors pair, que ses étudiants étaient souvent comme tétanisés devant lui, se sentant limités et incompétents. L'offrande du mandala a comme dessein de nous permettre de surmonter cet obstacle : l'ensemble des richesses et splendeurs, nous sommes à même de les offrir. Nous sommes dignes d'écouter les enseignements les plus précieux et les plus justes. Inutile de nous sentir misérables ou de vouloir réduire la grandeur.

Cette pratique peut devenir plus soutenue que ce rituel occasionnel. Elle prend alors place au sein d'un cycle qui commence par un geste d'abandon – symbolisé par des prosternations – suivi par des purifications qui nous invitent à retrouver un lien avec l'innocence primordiale – et qui s'achève par l'offrande du mandala. Ayant renoncé à son orgueil et s'étant purifié, le pratiquant peut alors entrer en contact avec sa propre richesse et celle du monde. Symboliquement, il offre continûment des mandalas à tous les bouddhas.

Il pourra ensuite s'unir avec l'esprit d'éveil, toucher son aspiration (*guru yoga*) – ce qui lui donnera la possibilité de recevoir la grande initiation qui correspond à l'entrée dans le mandala.

Mandala cosmique avec le mont Meru, Chine, XVIIe siècle.

Le mont Meru est la montagne mythique par excellence dans les mythologies persane et hindoue. Il est l'axe du mandala extérieur en tant que cosmos. Dans cette très belle représentation, il est identifié à un palais. Le symbolisme est semblable à notre Jérusalem, considéré comme le « nombril du monde » ou de La Mecque, centre de la terre.

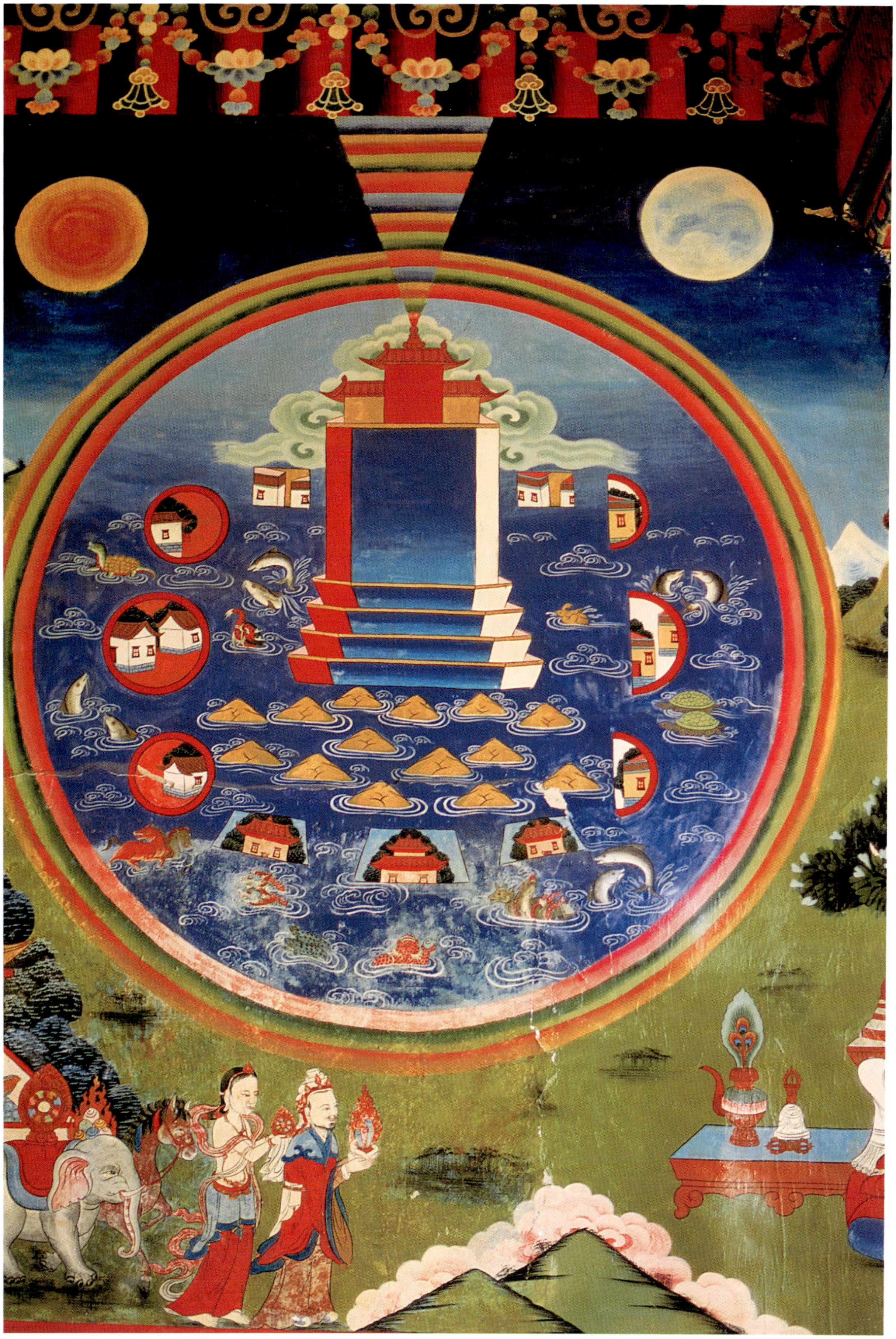

D'un point de vue traditionnel, cette pratique de l'offrande du mandala est décrite comme une manière d'accumuler des mérites et de la sagesse en développant une générosité toujours plus grande. Comme l'écrit Dilgo Khyentsé dans son style inimitable : « Seul le faste d'une grande fête peut donner à un roi le désir d'y participer. Préparez donc la fête des deux accumulations et le roi des expériences spirituelles et de la réalisation se joindra à vous[35]. » Concrètement, la pratique s'effectue en prenant sur ses genoux une sorte d'assiette généralement en cuivre, mais qui pourrait aussi être en or, et qui symbolise le sol de l'univers. Du riz qui a été lavé dans de l'eau safranée et séché, mélangé à des plantes médicinales et des pierres précieuses, y est offert d'abord en cinq piles – une au centre, symbolisant le mont Meru et les quatre autres selon le schéma de tout mandala. Nous continuons alors à disposer trente-sept piles selon une configuration mythique de l'univers. La première est une montagne de joyaux et de pierres précieuses, située à l'Est. La suivante, située au Sud, est un bocage d'arbres magiques, capables d'exaucer tous les souhaits. Le troisième aspect, à l'Ouest, est un troupeau de vaches capable d'accomplir les désirs de ceux qui le rencontrent. Enfin, au Nord se trouve un champ miraculeux qui pousse sans le moindre effort, octroyant ainsi des richesses nombreuses. Sont ensuite offerts les sept attributs du monarque universel : une roue, un joyau d'abondance, la reine, le ministre, le général, l'éléphant, le cheval ou la licorne. Y sont adjointes huit déesses prodiguant différents plaisirs : guirlande de fleurs, chant, danse, encens, la lumière, eau parfumée… On offre ainsi tout ce qui réjouit, toutes les possessions qu'il est possible de rassembler, de même que toutes les merveilles existantes : « une pluie de fleurs couleur d'arc-en-ciel, un étang d'eau parfumée, un jardin de lotus, un oiseau et une antilope magiques, et d'autres offrandes merveilleuses ».

Puis, ayant tout recueilli ainsi, nous le donnons et par un geste du revers de la main nous faisons tomber le riz de l'assiette du mandala. Magnifique moment ! Nous disposons de la plus grande splendeur, de la terre, du soleil, de la lune et de tous les continents, des déesses et des dieux les plus sublimes, puis nous les offrons, entrant ainsi abruptement en rapport avec l'ouverture primordiale, le fond sans fond du vide.

Par une telle pratique, nous découvrons que la richesse authentique est une disposition d'âme, à laquelle il est toujours possible de se relier. Une richesse qu'il est cependant impossible de posséder.

La grande initiation

Lorsque l'étudiant est préparé comme il faut, il peut recevoir la grande initiation (*abhisheka*) qui n'est autre que l'entrée dans le mandala. C'est à cette occasion que sont réalisées des peintures de sable. Le maître, avec l'aide de nombreux assistants, établit le mandala d'une déité particulière et invite le disciple à y entrer. Des rituels, qui durent généralement plusieurs jours, l'aident à établir un rapport personnel avec la diversité des symboles qui constituent ce monde particulier.

L'officiant prépare et purifie l'aire rituelle – le mandala. Outre des objets tangibles, il utilise ainsi le corps, la parole et l'esprit – les *mudrâ*, les *mantra* et visualisations. Puis il évoque une déité qui est invitée à venir dans le palais qui lui est dédié. Selon les règles indiennes de l'hospitalité, de l'eau pour se laver les pieds et pour se rincer la bouche lui est offerte, avant qu'un repas ne lui soit servi.

Vient ensuite le point culminant du rituel où le maître – puis le pratiquant – entre en relation directe avec la déité, voire se confond avec elle. Il apprend à voir, sentir et penser comme elle – alors «les possibilités de l'esprit conventionnel se dissolvent[36]». Enfin, lorsque tout a été accompli, la déité est remerciée et le mandala est fermé.

Dans sa pratique quotidienne, le pratiquant revit cette initiation et apprend à demeurer dans le mandala comme la déité centrale. Il s'ouvre ainsi à une vision sacrée du monde.

LES
DANS

MANDALAS D'AUTRES CULTURES

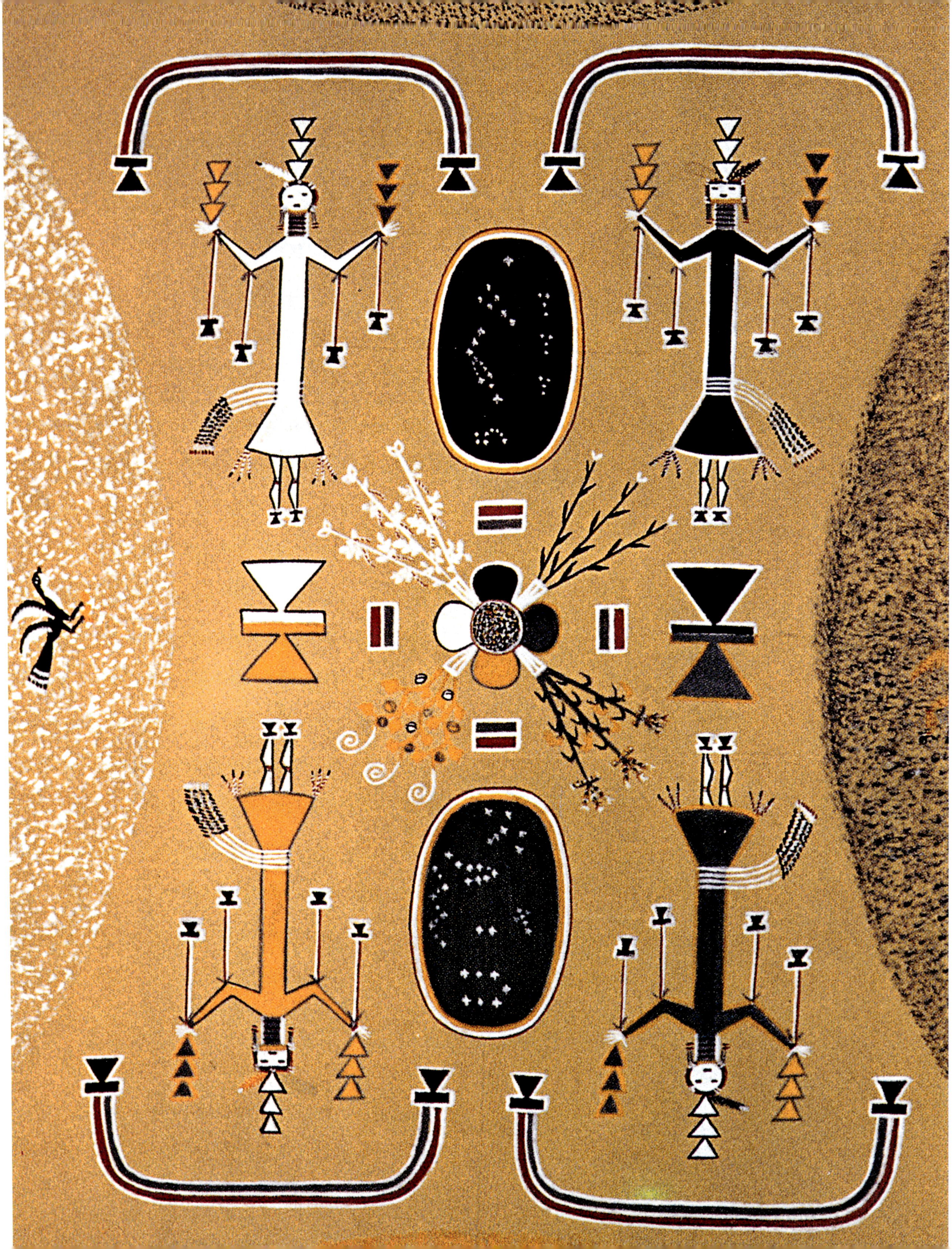

> *La sphère*
> *Où les divinités sont et meuvent le vide*
> *Dont nous sommes l'excédent. Vers vous, dont le verbe*
> *Vient, je dirige la louange qui nous fut*
> *Avec l'aube offerte, avant que nous existions*[37].
>
> ROBERT MARTEAU

PRINCIPES DU MANDALA

Le sacré

Longtemps j'ai écouté des symphonies de Beethoven sans pouvoir y entendre de la musique. N'ayant eu aucune éducation musicale, aucune indication, je n'entendais que des sons. Puis un jour, grâce à une discussion toute simple avec un ami, j'ai commencé à saisir la manière dont il fallait me placer pour entendre comme il faut. La reconnaissance du sacré est du même ordre.

Selon le tantra, le sacré ne s'ouvre qu'à celui qui y est prêt et le mandala est une pratique, un rituel, un poème pour nous y aider.

Or notre monde est marqué, au premier chef, par une désacralisation qui se traduit par une uniformisation du temps et de l'espace. Que partout tout soit identique. Que les mêmes ordres, que les mêmes lois, que les mêmes perspectives partout s'imposent. Que les jours succèdent aux jours sans aucun dimanche, jour de fête ou jour de passage. Qu'aucun égard ne soit accordé au caractère propre des différents âges de la vie.

Peinture de sable navajo.

Les peintures navajo, comme monde, contiennent les quatre directions, auxquelles sont associées différentes couleurs, blanc pour l'est, bleu pour le sud, jaune pour l'ouest et noir pour le nord. Les couleurs étaient faites selon des rituels particuliers qui en fixaient le pouvoir. Tout être humain, pour vivre en harmonie, doit être en rapport aux quatre directions, lié aux quatre saisons, aux quatre moments de la journée et qui organisent ainsi le jeu de l'existence. Nous, hommes du XXIe siècle, sommes le plus souvent à mille lieues de cette approche, cherchant à vivre chaque heure, chaque jour, comme la simple suite du précédent. Étant sans rapport au monde, nous n'avons pas de rapport au temps véritable.

De nombreux auteurs, et notamment Eliade, ont tenté de penser la notion de sacré comme ce qui précisément crée un espace et un temps singuliers. Le mandala, dans cette perspective, apparaît comme l'établissement d'une réelle habitation qui nous permette de retrouver un rapport plus vivant et plus juste à ce qui est. Le mandala est en effet un monde séparé – qui contient un seuil protégé par des gardiens, « dieux et esprits qui défendent l'esprit aussi bien contre la malveillance des hommes que contre les puissances démoniaques[38] ». Et une fois franchi le seuil, il est possible d'atteindre le centre, accès à l'ultime.

La question du sacré est un enjeu important de la pensée moderne comme en témoignent les travaux de Durkheim, Otto, Caillois, Eliade, Mauss, Girard ou encore

Freud – mais qui ne permettent pas toujours de comprendre le sacré propre à la voie tantrique.

L'un des axes de l'analyse que proposent nombre de ces auteurs est de faire du sacré une expérience qui s'oppose structurellement au profane. Pour Durkheim, le sacré est ainsi organisé selon les catégories de la fermeture et de l'interdit, du pur et de l'impur.

Cependant, dans la perspective du bouddhisme tantrique, cette opposition entre sacré et profane, tout en étant présente, n'est pas le cœur de l'expérience. Le sacré n'est pas tant une réalité autre, qu'une autre façon de regarder le monde. Il est possible de l'instituer n'importe où. De plus, le mandala inclut tout ce qui est – il ne rejette rien. Il n'est pas tant un espace à part qu'une façon au sein d'un domaine circonscrit de tout inclure. Et surtout, une fois l'épreuve du mandala accomplie, notre regard en est éveillé et tout ce qui est vu, tous les êtres, les sensations, les perceptions sont eux aussi libérés. Dans la perspective qui est ainsi instaurée, tout est sacré, comme en témoigne par exemple cet extrait de *Howl* d'Allen Ginsberg si profondément tantrique : « Le monde est sacré ! L'âme est sacrée ! La peau est sacrée ! Le nez est sacré ! La langue et la queue et la main et l'anus sacrés ! Tout est sacré ! tout le monde est sacré ! partout est sacré ! toute journée est dans l'éternité ! Tout homme est un ange[39] ! » De manière frappante, le mot anglais *holy* vient de l'allemand *heil*, qui signifie « ensemble », et décrit l'expérience du sacré d'une manière bien plus proche du sens du mandala que notre mot « sacré », venu de la pensée romaine. Dans une perspective strictement profane, le sacré apparaît comme étant totalement autre ; dans une perspective traditionnelle au contraire, il imprègne comme un parfum toute la réalité.

Un autre axe, sur lequel insistent plus particulièrement Rudolf Otto et dans une autre mesure Georges Bataille : le sacré est une expérience de l'irrationnel qui se dévoile à l'être humain comme le dépassant, le débordant de toute part, faisant accéder celui-ci à une expérience – à la fois fascinante et terrifiante – du Tout Autre. Selon l'expression de Pierre Burgelin : « Le sacré est le lieu de contact avec l'arrière-monde de l'obscur, du mystérieux, d'efficacité imprévisible[40]. » Dans le bouddhisme tantrique, le sacré ne renvoie pas à cette ambivalence, que décrit aussi Freud dans *Totem et Tabou*. Le sacré n'est pas le « numineux », une expérience de l'effroi, sous l'aspect de *mana* (puissance mystérieuse) et de *tabou* (l'interdit), mais le sentiment d'une harmonie. Cette harmonie ne rejette certes pas les ombres et les démons, mais elle les intègre.

Le sacré n'est donc pas d'abord lié à une violation des interdits, au retournement des effets maléfiques du tabou. Cette approche, certes présente dans le Tibet pré-bouddhiste, est surmontée par le bouddhisme. Pour ce dernier, loin de comprendre un élément de peur devant la puissance, qui nous permettrait d'accéder à une présence supérieure invisible – selon les analyses de Rudolf Otto –, le sacré est une expérience de libération des voiles qui entachent la perception. De ce point de vue, le bouddhisme n'est pas sans rapport avec le christianisme dont on a aussi souligné la prise de distance avec cette compréhension archaïque du sacré.

Il ne s'agit cependant nullement d'une désacralisation – car le sacré autant que l'expérience du terrible ne sont pas niés par le bouddhisme comme ils peuvent l'être par nos sociétés contemporaines. Négation qui est plus un déni qu'un dépassement, ce dont témoignent par exemple les analyses de Jean-Pierre Dupuy : « La désacralisation du monde nous apparaît ainsi pour ce qu'elle est : un processus inouï qui peut nous laisser sans protection face à notre violence[41]. » Car le sacré, par l'interdit qu'il institue, pose des limites, par principe indiscutables. Le sacré, loin d'être l'obscur que la raison et les Lumières nous permettraient de laisser en arrière, est ce qui évite l'horreur de la violence déchaînée dont le XXe siècle fit l'épreuve comme aucun autre.

Simplement, le bouddhisme en nous y confrontant questionne notre *relation* au sacré. Le sacré n'est plus alors un monde à part, institué pour régénérer la société, mais il est le visage de notre *rapport* à l'entièreté du monde qu'il nous faut reconnaître. L'effroi du sacré est ainsi désapproprié, voire privé de son apparente fixité, pour dépendre de notre regard propre libéré. Renversement inouï !

Enfin, pour la plupart des auteurs, le sacré est l'ouverture à un monde transcendant. Pour le bouddhisme tantrique, cette distinction entre immanence et

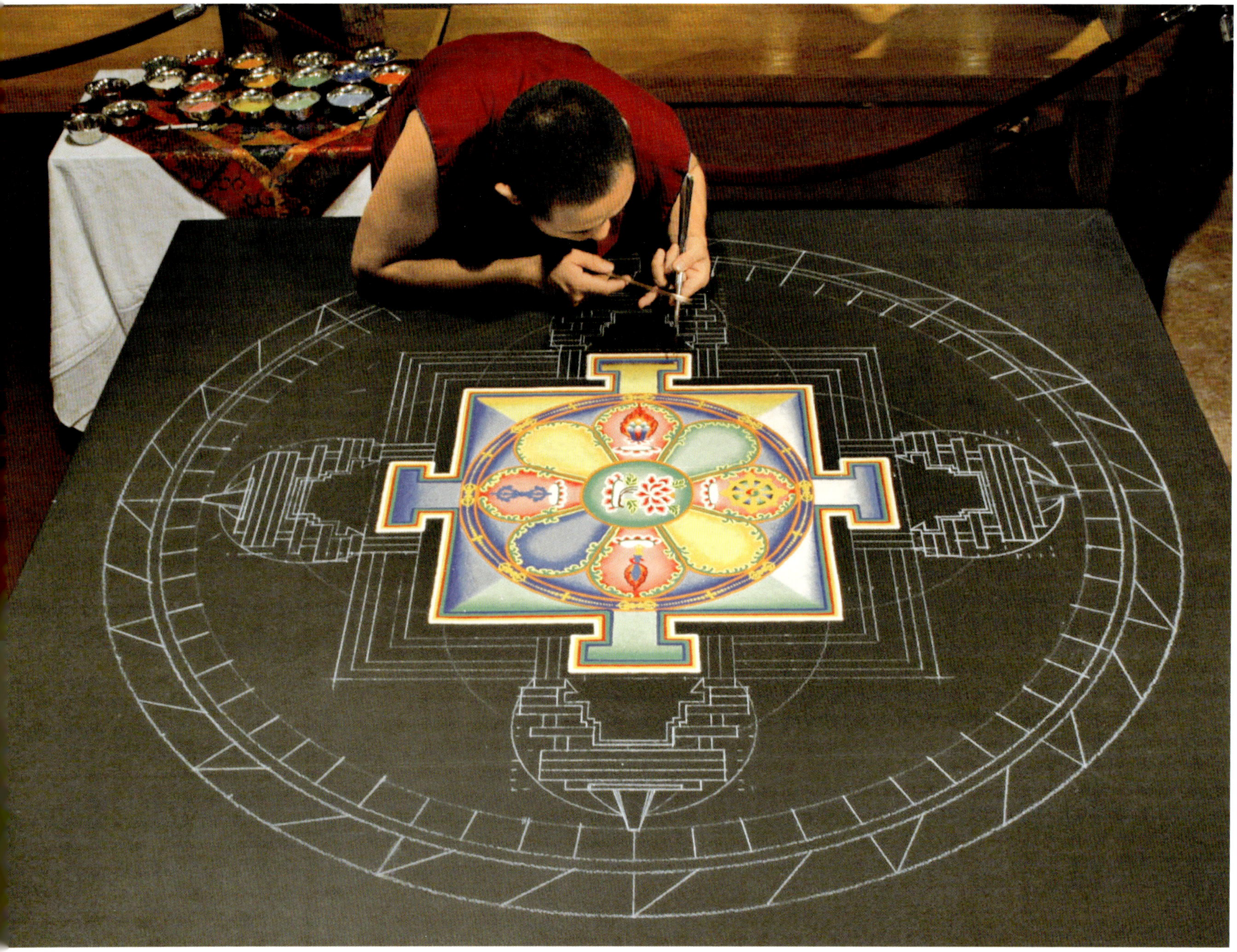

Un moine tibétain dessine un mandala, New Brunswick, Zimmerli Art Museum.

Les mandalas ne sont pas une pratique créative, leur dessin est basé sur une charpente réglée de lignes dessinées avec un cordeau blanc enduit de chaux humidifiée. En étirant le cordeau au-dessus de la table et en le pinçant délicatement en son milieu, on pose des lignes droites blanches. Les déités sont alors indiquées, par le maître, de façon symbolique par un grain d'orge. Commence ensuite la construction proprement dite du mandala à partir du centre. À l'aide d'un cône fin, de la poudre colorée s'écoule tandis que l'on frotte sa partie dentelée.

PAGE CI-CONTRE : *Mandala d'Hevajra*, Tibet, XVIe siècle, Boston, Museum of Fine Arts.

Dans ce mandala, nous voyons très lisiblement que le centre est un lotus où sur chaque pétale figure une déité. Tel est l'intérieur du palais dont on voit les éléments extérieurs entre le carré et le grand cercle : des têtes de *makara* et des guirlandes de pierres précieuses… Le *makara*, qui fait office de protecteur, est un animal aquatique du bestiaire mythologique de l'Inde. Il s'agit d'une créature ayant la trompe de l'éléphant de mer, la denture d'un crocodile et une queue de poisson.
Ce mandala est entouré de médaillons contenant différents maîtres réels ou mythologiques correspondant aux diverses approches du bouddhisme toutes ici rassemblées. Tout mandala manifeste l'existence d'une tradition vivante à laquelle il se rattache et nous relie.

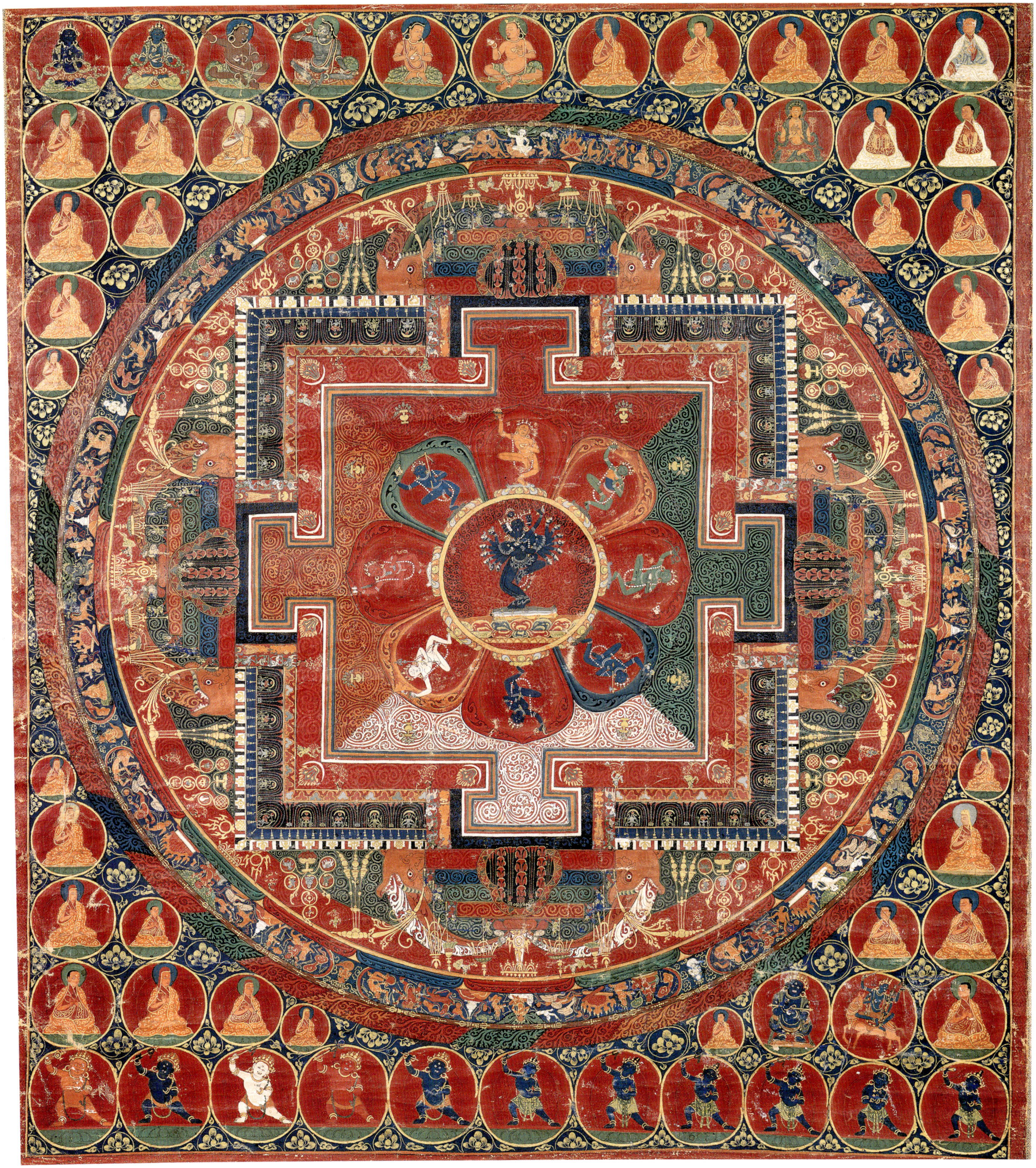

transcendance est partiale, voire égarante. Il ne distingue pas le monde intelligible du monde sensible, le divin du terrestre. Pour lui, la réalité est plus ou moins voilée par l'ignorance. Et le sacré n'est pas l'abîme mais la réalité reconnue dans sa vérité propre. Non pas une autre réalité, mais la réalité qui retrouve « l'éclatante vérité de son harmonie native » dont parle Baudelaire. En tibétain, le terme « sacré » se dit *tag nang* au sens de la perception pure, de la vision juste. Ainsi, le mandala doit nous permettre de voir les choses et les êtres dans leur vérité native et non d'une façon éthérée.

La beauté

Un mandala n'a pas pour fin de susciter un plaisir esthétique et ne concerne pas nos seuls sens. Il est la mise en œuvre de la vérité que nous ne réussissons pas à voir. De ce fait, contempler un mandala est tout autant une expérience métaphysique, philosophique, psychologique, éthique… s'il faut garder ces termes.

C'est pour cette raison que sa beauté, comme summum de présence, nous touche. Et l'on pourrait aisément s'y tromper. Ce fut le cas de Marpa, grand patriarche de la lignée de l'enseignement oral (*Kagyü*). Lorsque son maître lui demanda devant quoi il préférait s'incliner, il choisit le mandala de la déité qui lui était apparue et lui enseignait. Son maître le dissout sur-le-champ, lui rappelant que le seul point d'appui que peut avoir un pratiquant est l'ouverture inconditionnelle de l'esprit et que le maître en est, pour nous, le porte-parole. C'est de lui que se déploie tout enseignement. La splendeur prend son sens et devient enseignement à partir de la reconnaissance de l'ouverture absolue qui préside à sa manifestation.

Ne pas reconnaître la beauté d'un mandala, c'est ne plus être vraiment humain. Mais en être fasciné, c'est perdre le sens et la portée profonde qu'il porte au jour.

Mais à quoi mesure-t-on la beauté d'une œuvre ?

À ce que le regard, explique le poète Robert Marteau, « au lieu de l'épuiser et de s'y épuiser quasiment à l'infini, découvre en s'y renouvelant par continuelle lustration[42] ». La beauté du mandala est ce qui en garde les fruits de fête.

Peintures de guérison : les peintures de sable des Navajos

Le sens de la beauté n'a rien à voir avec l'esthétique mais vise à nous guérir, en nous réaccordant à notre propre être comme avec le monde. Ce qui était distendu, coupé, détérioré, est rétabli.

Le mandala est étranger à notre conception de l'art comme une simple affaire culturelle sans grande importance. Les peintures de sable des Navajos sont parmi les exemples les plus frappants de cette expérience d'œuvre de guérison qui présente de grandes analogies avec le mandala tibétain et permettent d'en mieux comprendre l'ambition.

Le terme navajo pour désigner les peintures de sable, « *iikààh* », peut être traduit littéralement par « l'endroit par lequel les dieux viennent et vont ». L'intention de ces peintures est de permettre à une personne qui souffre d'entrer en contact avec les pouvoirs de ces êtres mythiques. En ce sens, ces œuvres sont d'une réalité incomparable, d'un éclat encore plus vif que celui du soleil et de la lune.

Elles ne sont pas uniquement faites à l'aide de sables colorés, rouges, jaunes (dépôt d'ocre) et blancs (craie), mais également de matières, pures ou mélangées, telles que farine de maïs, pollen, pétales de fleurs pulvérisés et charbon de bois, répandues sur un fond sableux généralement doré. Elles empruntent ainsi aux divers règnes du cosmos dont elles sont une présentation.

Comme les moines tibétains qui réalisent des mandalas de sable, les hommes-médecine réalisent des peintures en suivant des règles très précises qui font de leur travail bien plus un rituel qu'un effort de créativité. Dans les deux cas, une structure géométrique est à même de nous mettre en rapport avec les Êtres sacrés ou les divinités tutélaires. Ces figures, dans les peintures des Navajos, sont placées aux quatre points cardinaux, ou à la suite les unes des autres. Elles sont généralement groupées par paires – hommes et femmes, vieux et jeunes – dans un environnement fait de représentations symboliques : le soleil, la lune, l'éclair, le maïs, un arbre, une montagne, un serpent, un lac, des nuages, une ville, un champ, l'arc-en ciel, des étoiles[43].

Il existe de très nombreuses approches de ces cérémonies, « la Voie de la grêle », « la Voie de la nuit », « la Voie du coyote », « la Voie de la montagne »... Un homme-médecine peut ne connaître qu'une seule voie, qui implique chants, danses, peintures de sable et un rituel complexe et exigeant.

Chaque Voie commence par des rites de purification et de bénédiction qui impliquent la convocation des dieux et la mise en œuvre des pouvoirs propres à chaque cérémonie. Comme pour les mandalas, la perfection des peintures dépend de la présence des dieux. Leur éclat permet à ce qui a perdu son équilibre de le retrouver. Tel est l'état d'*hozho* que l'on peut traduire par « beauté, harmonie, état de paix et d'équilibre ». Comme le souligne l'anthropologue navajo Harry Walters, cet équilibre repose sur un ordre inscrit dans la nature – et qui dépend du cycle des saisons et du jeu des

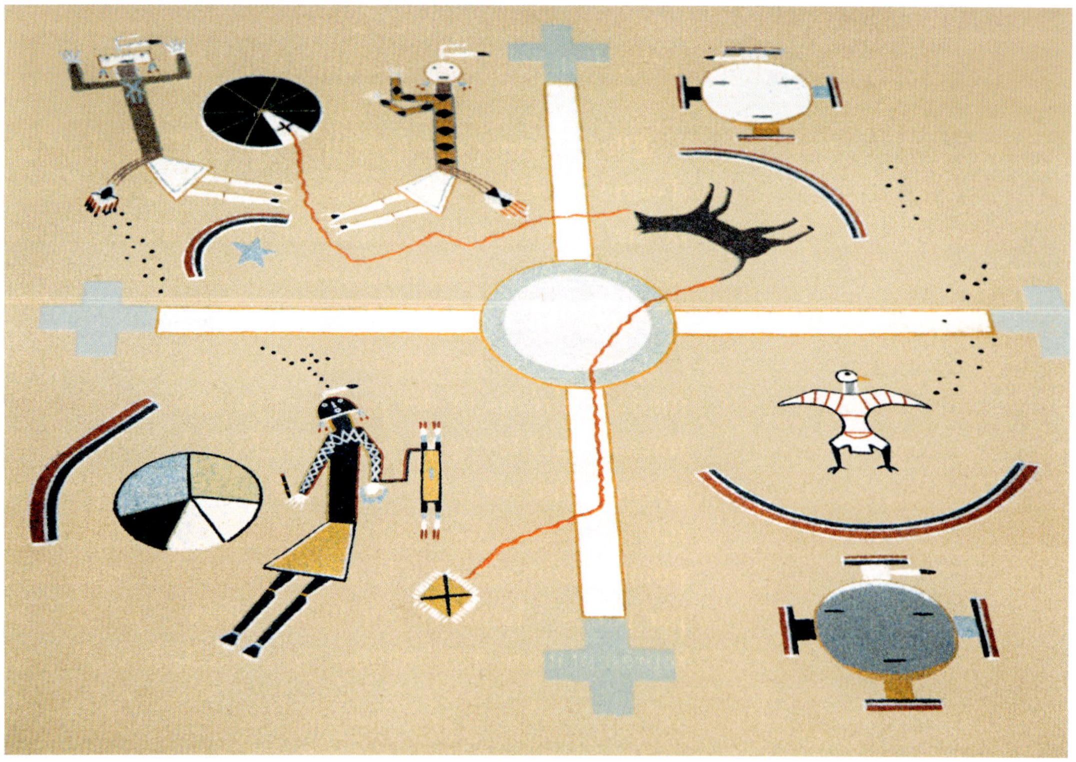

Peinture de sable navajo.

Tous les éléments d'une peinture répondent à un symbolisme très précis. Ainsi, le cercle rond en haut à droite est la lune, *il'éhonaa'ei*. Les rayons blancs à l'est représentent la brume au matin, les rayons jaunes à l'ouest la lourde rosée du crépuscule. Le cercle bleu en bas à droite est le soleil. L'arc blanc sur son front désigne la lumière du matin, tandis que l'arc jaune sur son menton désigne la lumière du crépuscule.

PAGE CI-CONTRE : Peintre navajo au travail, Arizona.

Cet homme réalise une peinture avec du sable coloré, d'un geste qui n'est pas sans rappeler celui des moines tibétains qui, à l'autre bout du monde, réalisent des mandalas. Ces deux gestes ne visent pas à réaliser une œuvre d'art, mais sont des moments prenant place au sein d'une cérémonie plus ample qui vise à permettre à ceux qui y assistent de retrouver leur lien au monde. Montrer l'image du monde dans sa plénitude pour que chacun puisse y vivre à nouveau. À la fin, l'opération ayant réussi, le rite étant accompli, la peinture est détruite.

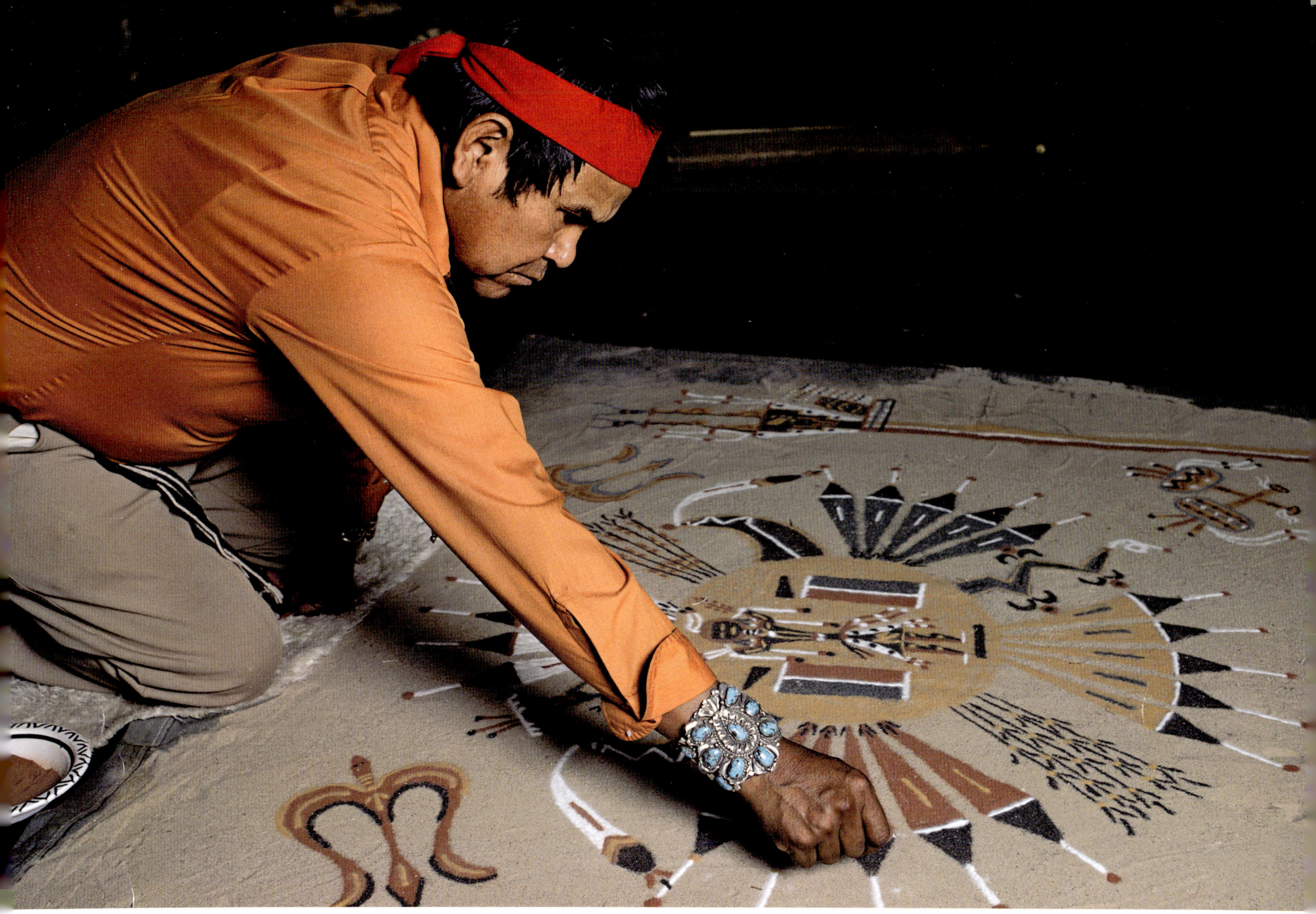

éléments. « Le problème, écrit-il, est que la culture occidentale s'aligne rarement sur cet ordre. Elle ne reconnaît pas qu'il y a du feu en nous, de l'eau en nous, en nous de l'air, de la lumière, du soleil[44]. » Elle nous a isolés et séparés du monde.

La vision et les rituels des Indiens d'Amérique ont un rapport profond avec le mandala, non seulement par le sens qu'ils donnent à leurs peintures de guérison, mais par leur méditation sur le sens du cercle sacré. Le témoignage de Black Elk est particulièrement frappant : « Tout ce que fait le Pouvoir de l'Univers se fait dans un cercle. Le ciel est rond et j'ai entendu dire que la Terre est ronde comme une balle et que toutes les étoiles le sont aussi. Le vent, dans sa plus grande puissance, tourbillonne.

Les oiseaux font leur nid en rond, car leur religion est la même que la nôtre. Le Soleil s'élève et redescend dans un cercle. La Lune fait de même, et ils sont ronds l'un et l'autre. Même les saisons, dans leur changement, forment un grand cercle et reviennent toujours où elles étaient. La vie d'un homme est un cercle d'enfance à enfance, et ainsi en est-il de toute chose où le Pouvoir se meut. Ainsi nos tentes étaient rondes comme les nids des oiseaux et toujours disposées en cercle, le cercle de la nation, nid fait de nombreux nids où nous couvions nos enfants selon la volonté du Grand Esprit[45]. » Les peintures de guérison consistent à placer le malade au centre du monde, pour lui permettre ainsi de retrouver un lien à l'univers. Comprendre la « loi du cercle » c'est être sensible à la continuité inapparente qui lie ensemble la vie et la mort, le temps et l'espace, le rythme visible et invisible. C'est entrer en rapport au moyeu secret d'où tout provient. La plus profonde méditation en Occident de cette expérience du cercle, est celle de Martin Heidegger : « C'est seulement quand le monde amonde comme monde – soudain, vraisemblablement, et de manière inapparente – que resplendit l'anneau qui libère dans sa ronde le contour qui recueille terre et ciel, divins et mortels à même la tournure de leur unisson[46]. »

Il est important de comprendre que le mandala comme les peintures des Indiens d'Amérique en sont autant de figures. Certains arts martiaux chinois, issus de la tradition taoïste, comme le *ba gua zhang*, offrent aussi une profonde méditation sur le cercle qui permet de mieux comprendre l'expérience corporelle que nous pouvons en faire. Le pratiquant y apprend, au prix d'un entraînement intense, à marcher le long d'un cercle invisible, en adoptant diverses positions des paumes de la main. Il ne cherche pas à accomplir parfaitement un geste, mais à s'établir dans l'intention de l'esprit avant l'émergence de toute volonté. Ce cheminement le configure pas à pas et lui apprend à relier son centre propre à celui du cercle, reconnu comme l'espace de toutes les « mutations », c'est-à-dire de toutes les fluidités. Les figures qu'il apprend ne sont donc pas des arrangements d'éléments fixes mais un chemin d'intégration de tout ce qui resterait, autrement, épars, distinct et fragmenté. Le mouvement qu'il accomplit, de tout son être, évite tout aspect unilatéral et uniforme, pour devenir mobilité et transformation. Il s'accomplit comme de lui-même.

Le cercle est alors éprouvé corporellement et finit même par traverser le pratiquant au point de l'établir comme l'axe même du monde. Le corps devient ainsi mandala, tour qui unit son être et le monde en un même cercle.

Tel est le lien entre santé, cosmologie et ce que nous nommons, faute de mieux, spiritualité. Un mouvement de la main, un mouvement de l'âme, un mouvement de l'esprit sont inséparables et se meuvent l'un dans l'autre.

LE LABYRINTHE ET LE PASSAGE PAR LA MORT

Si l'on se tourne à présent vers l'Occident, la figure qui éclaire le plus directement ce mouvement de modulation continue, propre au mandala, est le labyrinthe.

Vaincre le Minotaure

Le labyrinthe apparaît dans l'histoire du roi Minos. Minos avait épousé Pasiphaé, la «toute lumière» avec laquelle il eut quatre filles et quatre fils. La vie au palais était paisible, jusqu'au jour où le roi refusa de faire le sacrifice voulu à Poséidon. Furieux de cette ingratitude, Poséidon prit l'apparence d'un magnifique taureau blanc et séduisit Pasiphaé. Celle-ci demanda à Dédale, le célèbre architecte exilé d'Athènes, de construire une vache en bois qu'il mit sur des roues et dont il creusa l'intérieur pour permettre à la reine de s'y tenir. Ainsi, le taureau s'accoupla avec elle comme si elle était une véritable vache. La reine donna naissance à un être qui avait la tête d'un taureau et le corps d'un homme, le Minotaure. Le roi décida d'enfermer le monstre dans une prison construite tout exprès par Dédale, le *labyrinthe*, dont la disposition des voies rendrait toute sortie impossible.

Or peu après, un des fils du roi Minos fut tué en Grèce, alors soumise à la puissante Crète. En guise de représailles, Minos exigea d'Égée, roi d'Athènes, qu'il lui livrât, chaque neuvième année, sept jeunes hommes et sept jeunes femmes. Le roi envoyait dans le labyrinthe ses victimes livrées à la violence du Minotaure.

Une année, Thésée, le propre fils du roi Égée, fut tiré au sort parmi les jeunes gens destinés au sacrifice. En arrivant en Crète, Thésée rencontra Ariane qui tomba amoureuse de lui. Sachant ce qui l'attendait, elle lui donna une bobine de fil afin qu'il la déroule et puisse ainsi retrouver, au retour, son chemin. C'est ainsi que Thésée tua le Minotaure et put quitter le labyrinthe.

En un sens, le labyrinthe est cet espace où l'homme vêtu de l'or solaire lutte contre la masse obscure jaillie des abysses de la nuit, que représente le Minotaure. Rite du plus haut sacré, entendu au sens originaire et mythique.

Histoire de Thésée, mosaïque romaine, Ier siècle, Vienne, Kunsthistorisches Museum.

Dans ce labyrinthe en mosaïque, on discerne le combat de Thésée contre le Minotaure. Comme dans un mandala, nous avons ici au centre une déité victorieuse de la part d'ombre qui n'est pas sans rappeler la victoire de Cakrasamvara sur les deux démons, et tout autour dans les quatre directions un chemin qui se dessine. Atteindre le centre, c'est à la fois entrer dans le plus haut combat et dans le véritable achèvement. Cette quête est un dédale qui demande courage, vigueur, patience, tendresse…

Mais le récit de la victoire de Thésée démontre également que l'homme ne peut sortir du labyrinthe par ses seules forces. Le fil est tout à la fois la continuité de l'expérience de l'Éveil au cœur de notre existence et la grâce qui seule permet à l'homme de s'engager dans le vrai travail qu'est la traversée des méandres. Or, rien n'est possible sans le don d'amour, car l'amour seul donne le courage de traverser la nuit. Tel est le secret du mandala comme du labyrinthe : ne fuis pas devant l'obscur. Le labyrinthe est lié au monde souterrain. Minos, à sa mort, est d'ailleurs devenu l'un des trois juges des Enfers avec ses deux frères Rhadamanthe et Éaque. La méditation sur le labyrinthe est une approche de l'obscurité que l'homme doit apprivoiser pour advenir à son être véritable ou, selon la parole de Rilke[47] :

Rien que celui qui a déjà levé sa lyre
aussi parmi les ombres,
est apte à rendre avec divination
la louange infinie

Rien que celui qui a mangé avec les morts
de leur pavot à eux,
reste capable de ne perdre encore
pas le plus léger son.

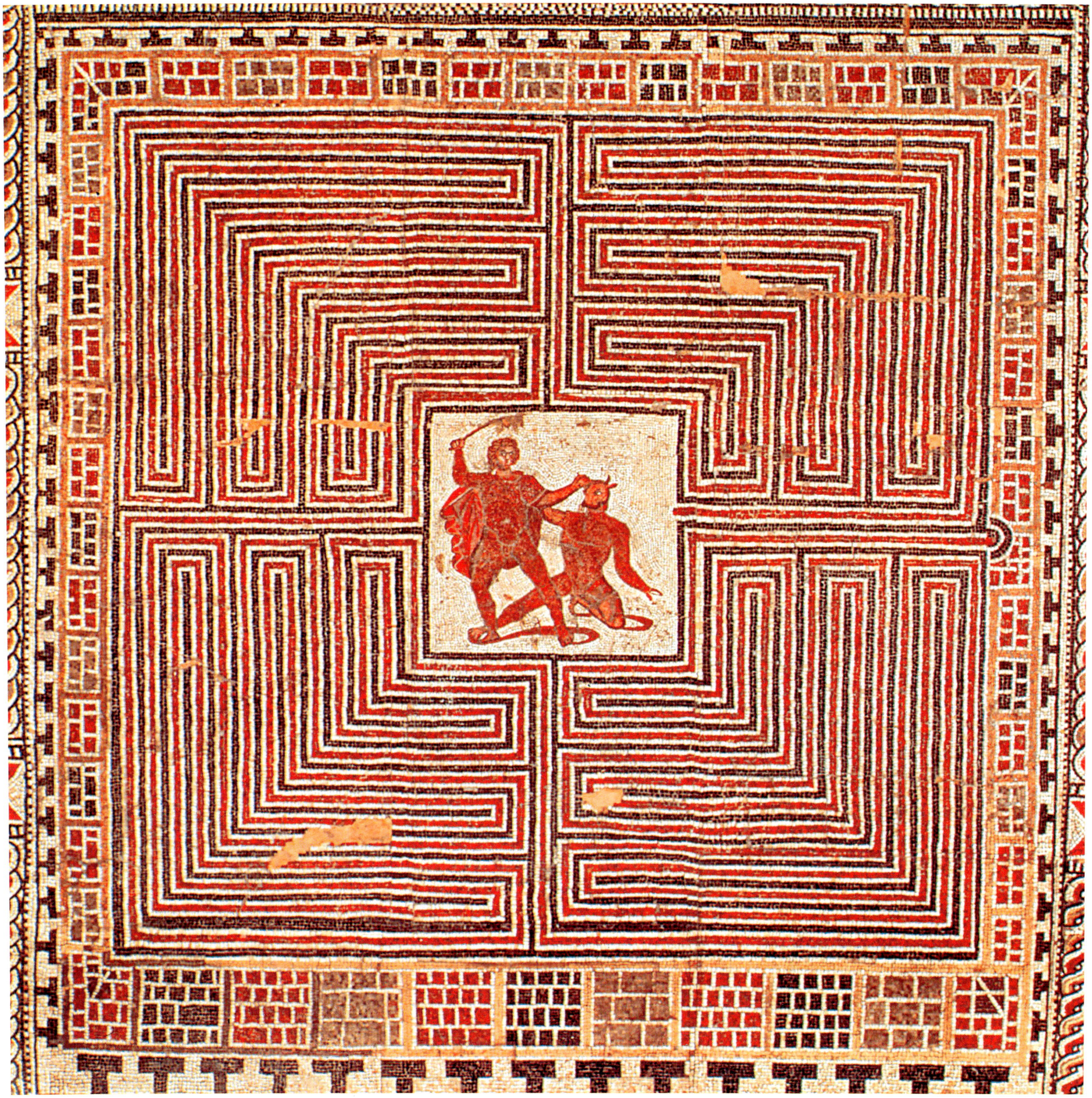

L'espace initiatique

Nous savons qu'en Crète, comme dans nombre de sociétés primitives, l'enfant ne devient adulte que par un rite de passage. Il cesse alors d'être un enfant, un être inachevé, privé de personnalité et de nom propre, pour devenir pleinement un membre du corps social. « Pour cela, il était emmené loin du village, enlevé à ses parents et à ses jeux, obligé de coucher sur le dur, d'apprendre à ruser et à chasser pour vivre, d'apprendre à dominer sa peur en descendant dans les cavernes initiatiques, et en affrontant des monstres (ou des masques)[48]. » Il devait, selon le principe de toute initiation, mourir pour pouvoir renaître. Ainsi, il touche le cercle, l'ombilic, « l'omphalos, lieu même où Omphale convainc Héraclès de filer le fil d'Ariane dont se constitue le nombril du monde où est le Minotaure, qu'il faut tuer absolument, sinon c'est lui qui tuera, et le monde alors s'arrêtera de tourner. Bel et bien[49] ».

L'initiation, qui marque l'entrée dans l'âge adulte – l'initiation mineure – (que l'on retrouve dans l'adoubement du chevalier en Occident) et celle portant sur la découverte de la vérité de l'âme humaine – l'initiation majeure –, est symbolisée par la traversée du labyrinthe. L'homme est obscur à lui-même et ne peut jamais réussir à se connaître tout à fait. Le labyrinthe dit cette énigme qu'est pour tout être humain le fait d'exister, à la merci de la créature monstrueuse impossible à contenir qu'est notre ombre.

Refusant le labyrinthe, voulant que règnent partout la seule ligne droite et la transparence la plus totale, ou une simple image mondaine, l'homme se prive de l'ampleur même de son existence. Cherchant à mettre l'angoisse hors de portée, il ne fait que s'enferrer dans l'existence la plus inauthentique. Le labyrinthe nous rappelle qu'il n'est pas possible d'aller toujours tout droit et que vivre, c'est être prêt à des détours et des rencontres, à des errements et de belles surprises. Que celui qui craint les ombres ne peut pas être vivant. Que la mort tisse notre existence. Qu'il n'est aucun moyen de l'éviter et que le tenter, c'est devenir fantôme. À celui qui est prêt à cette voie, il est donné, à certains moments, de toucher le centre où il se reconnaît – expérience qui est décrite selon la tradition zen, comme le fait de

Labyrinthe d'Altjeßnitz.

Le labyrinthe d'Altjeßnitz est un monument imposant de l'art du jardin baroque, l'un des plus anciens encore existants en Allemagne. Il témoigne de cette époque où dans toute l'Europe, sont construits des labyrinthes non plus dans les églises mais dans les jardins. On y trouve le même sens d'un parcours initiatique, invitant à accepter de se perdre, à ne pas tout maîtriser pour s'ouvrir aux possibles métamorphoses.

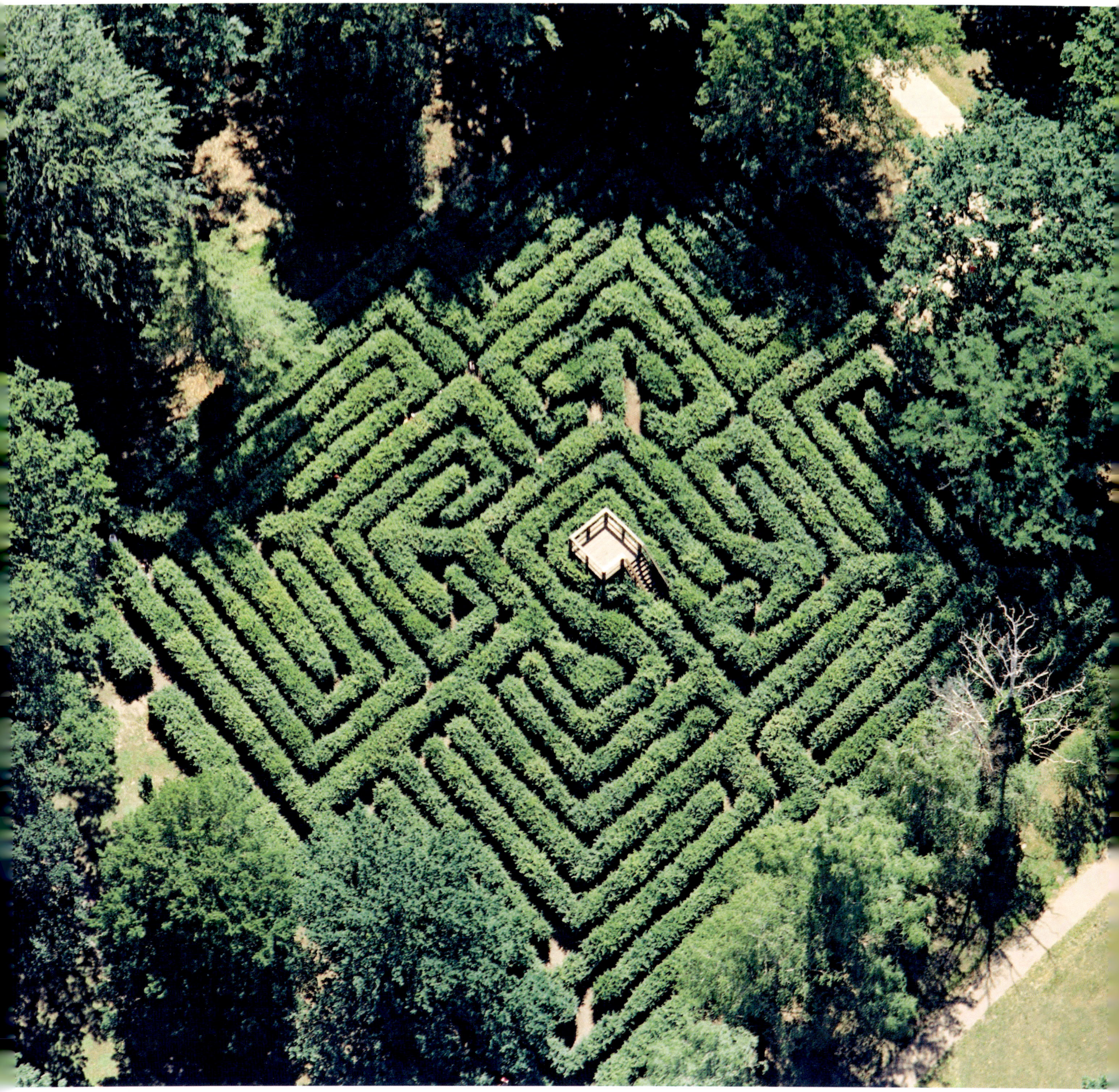

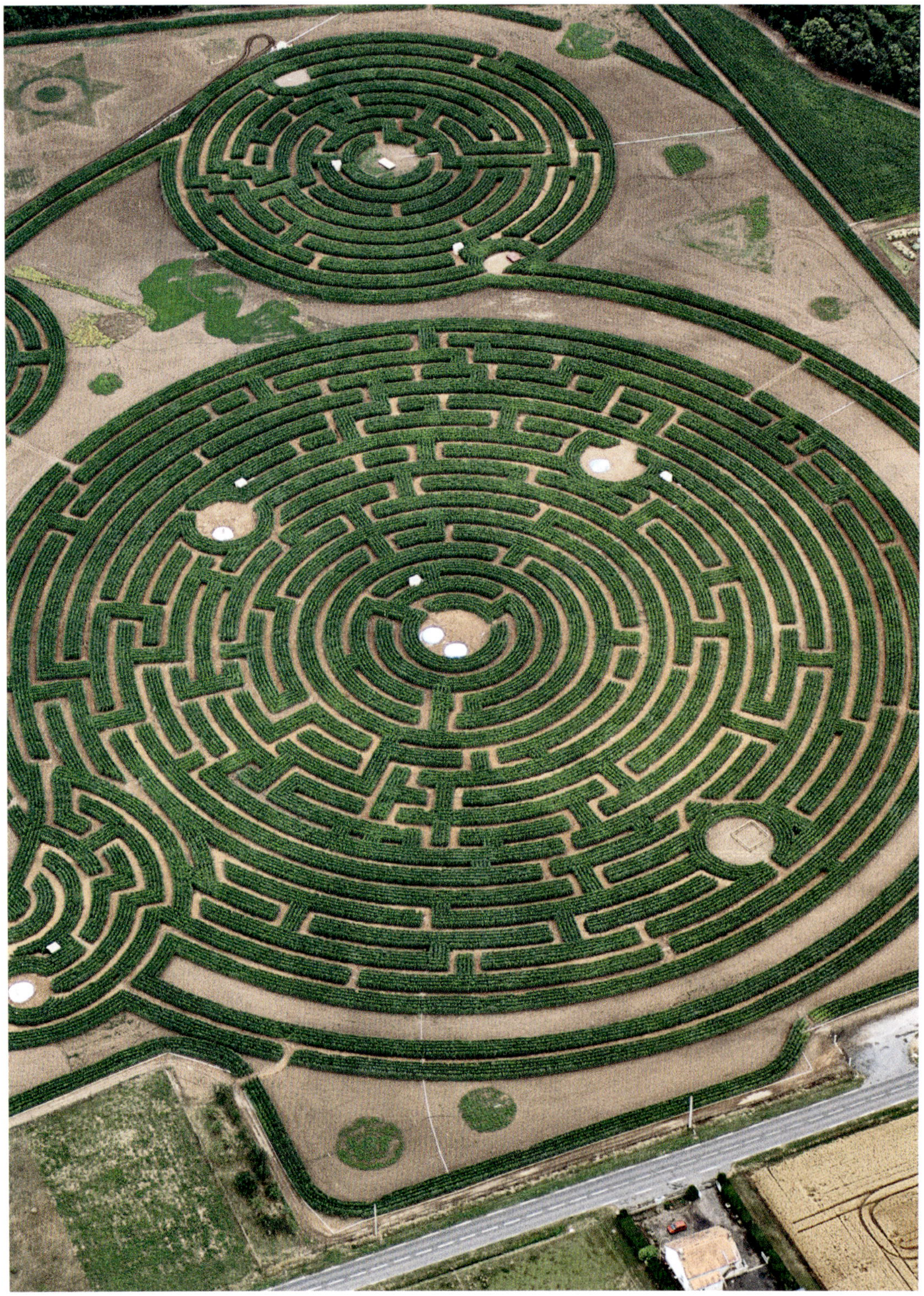

Reignac-sur-Indre, France.

Ces nouveaux mandalas construits dans des champs de maïs donnent facilement à qui y pénètre la sensation de se perdre et, à force de tâtonner, de trouver une voie de sortie. C'est une survivance de la figure sacrée du labyrinthe, où le parcours ne convie pas seulement à trouver un chemin mais à passer à un autre état d'être, en gagnant le centre qui n'est jamais purement géographique.

PAGE CI-CONTRE : Labyrinthe de la cathédrale de Chartres.

Dans de très nombreuses églises et cathédrales furent posés des labyrinthes. Celui de Chartres se déroule dans le pavement à hauteur du troisième pilier de la nef centrale qu'il occupe dans presque toute sa largeur. Au centre, dans une sorte de rose à six pétales, se voyait autrefois une plaque de cuivre où était gravé le combat de Thésée et du Minotaure, qui fut enlevée en 1793, quand le sens ésotérique de ce symbole ne fut plus compris. Dans le monde chrétien du lumineux Moyen Âge, le labyrinthe, loin d'être une simple forme païenne, était perçu comme le chemin que montre le Christ. À l'abri des voies de traverse que sont les pièges des joies du monde et des vices, il nous garde dans la Voie. Le parcourir, c'est retrouver la droiture qui seule conduit l'être humain à la Vie éternelle.

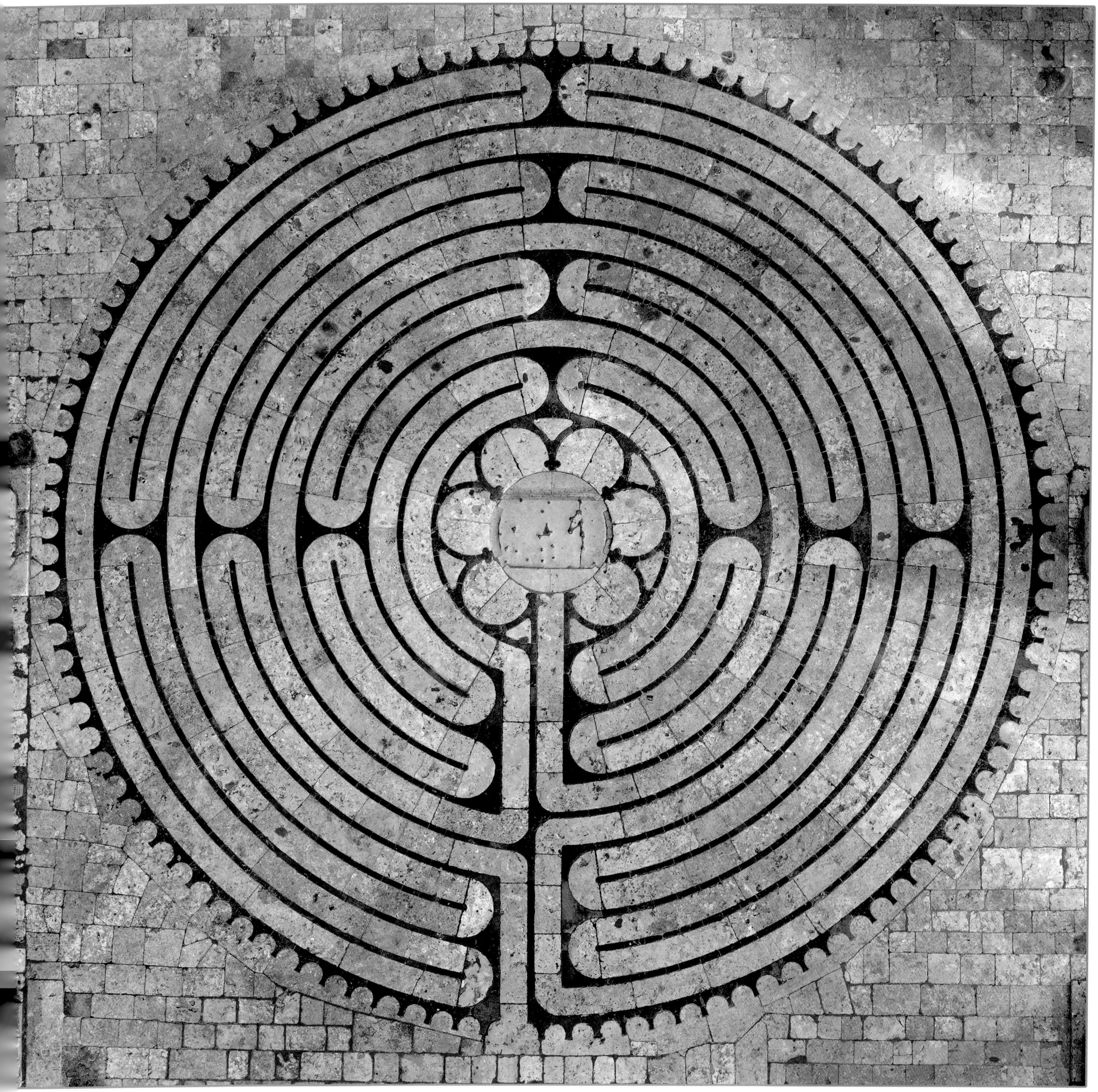

contempler le visage que nous avions avant notre naissance, ou, selon la tradition islamique, comme la rencontre avec l'ange que nous sommes secrètement.

Labyrinthe et cathédrale

Longtemps, des labyrinthes furent gravés dans les cathédrales à l'intersection de la nef et des transepts.

Cependant, à la différence des labyrinthes de l'Antiquité, les labyrinthes chrétiens n'ont qu'une voie et entrée. Ils ne contiennent pas de fausses pistes, mais présentent l'itinéraire d'une rectification permanente. Impossible de s'y égarer – il n'existe qu'un chemin et il mène au centre. Mais ce chemin illustre le voyage psychique et spirituel que l'homme doit accomplir en lui-même, à travers les épreuves. Parcourir le labyrinthe à genoux en chantant un psaume, fut considéré comme une possibilité de remplacer le pèlerinage à Jérusalem, la Ville sainte, symbole terrestre de la cité parfaite.

Au centre du labyrinthe de la cathédrale de Chartres se trouve une rose à six pétales. Elle est la réplique de celle qui forme le motif central de la rosace située au-dessus – le cœur ardent de l'amour.

LA ROSE ET LE SYMBOLISME DE LA FLEUR DANS LES CATHÉDRALES GOTHIQUES

« *Depuis la Coquille bleue du Monde, jusqu'à la Terre Végétative.*
L'Univers Végétatif s'ouvre comme une fleur depuis le centre de la Terre :
Dans lequel est l'Éternité.
Celui-ci se répand en étoile jusqu'à la Coquille du Monde.

WILLIAM BLAKE, ***Jérusalem***

Surprenantes rosaces

Quand on entre dans l'obscur de la cathédrale, les roses, avec leurs vitraux, sont un jaillissement profond de lumières, comme en témoigne Paul Claudel : « Cela vit et cela palpite, cela dort et cela rutile, cela s'allume et brûle, éclair ou braise, rubis, émeraude et cobalt... Toutes ces couleurs ensemble, tous ces points divers, tout cela ne reste pas immobile, tout cela chauffe et chante, et du seul fait de sa variété produit un prodigieux ramage[50] ! »

Nous sommes face à une radiation colorée organisée. Pour cette raison, les œuvres d'art les plus proches du mandala sont, en Occident, les roses des cathédrales. On y trouve une semblable méditation géométrique mise en tension par le rayonnement de la couleur, le même souci que l'œuvre soit « monde », c'est-à-dire visage unitaire et ordonné du cosmos, la même reconnaissance d'une lumière incréée et initiale, et la même volonté que la contemplation de l'œuvre soit une expérience spirituelle.

La naissance des cathédrales est un phénomène tout à fait étonnant. Même si l'on en trouve dans quelques pays voisins, elles sont un phénomène typiquement français et l'un des rares moments d'un art proprement occidental ne s'inspirant pas de l'exemple grec. La cathédrale « ne retient de Rome que le plan lointain de la basilique, mais tout ce qui s'élève au-dessus du sol, depuis le pilier jusqu'à la voûte, sa

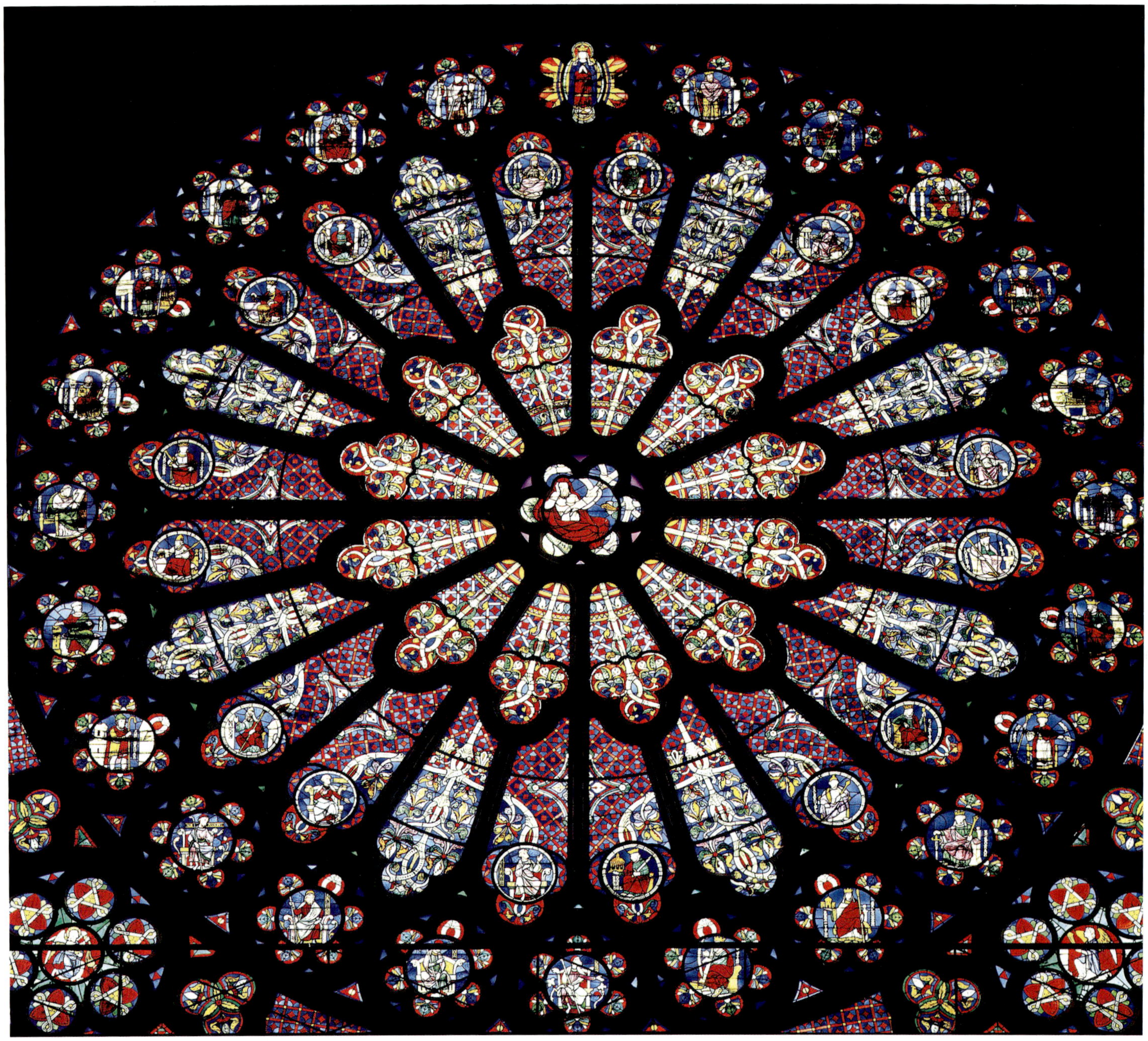

La rosace de la basilique Saint-Denis.

La basilique Saint-Denis est l'œuvre de l'abbé Suger, un homme qui a changé l'histoire de l'Occident en donnant à la grandeur un sens spirituel : que la beauté, la lumière et la couleur, loin de devoir être repoussées et rejetées comme séduction, déploiement de vaines richesses, nous conduisent à la vraie Lumière. Le monde tout entier comme création de Dieu en est l'image. C'est elle qu'il faut célébrer. Même si le mandala ne pense pas le monde comme « création » mais comme déploiement sans origine, vide et ouvert, on retrouve néanmoins dans la rose gothique le même champ glorieux d'un appel incandescent.

PAGE CI-CONTRE : Transept sud de la cathédrale de Chartres.

Les roses des cathédrales sont les plus beaux exemples de mandala qui existent en Occident – monde où le centre est habité par la divinité, ici le Christ, entouré par divers cercles qui en montrent mieux les attributs et la densité. Tout y est symbolique, c'est-à-dire porté par l'esprit et le sens. Rien n'y est esthétique mais toujours d'abord pensée. Aucun souci d'expression personnelle. La rose est l'espace où Dieu se montre à nous dans la plénitude de sa radiation devenant monde.

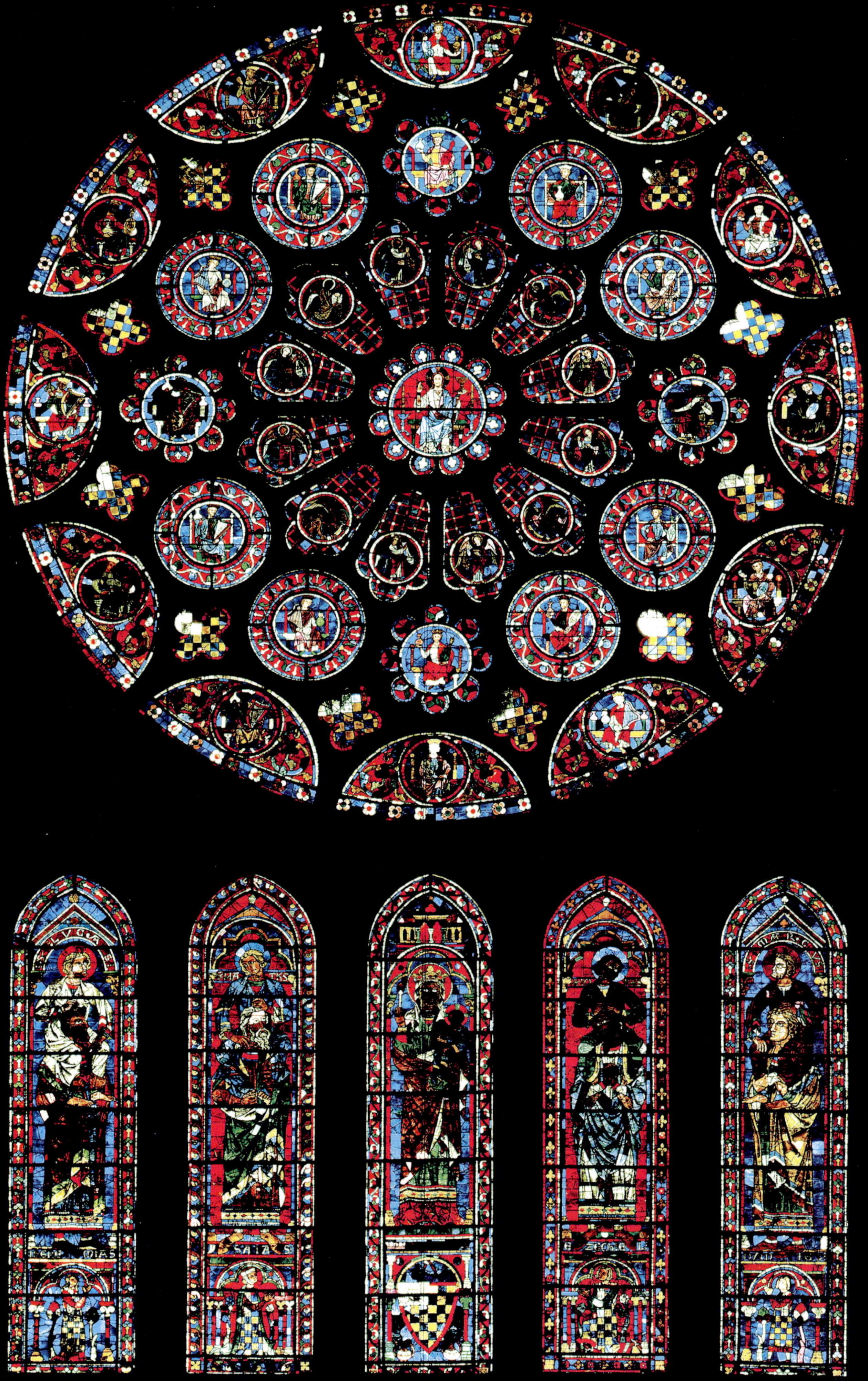

manière de s'emparer du ciel et d'y faire son domaine, n'est qu'à elle[51] ». Entre 1170 et 1270, furent construites quelque quatre-vingts cathédrales et cinquante églises de taille presque équivalente. L'effort que représente un tel engagement est stupéfiant. Une génération tout entière d'hommes et de femmes s'est consacrée corps et âme à la construction de ces édifices.

Or, de façon très singulière, quelque temps après leur achèvement, les hommes n'ont plus compris ces œuvres et le terme de « gothique » qu'on leur a attribué, synonyme de « grossier », en témoigne – au point qu'au XVIIIe siècle, Voltaire pouvait écrire : « Le génie français a été presque toujours rétréci sous un gouvernement gothique. » En réalité, ce que l'on désigne comme « gothique » devrait se nommer « français » – et comme le souligne si justement Rodin, bien plus éclairé que Voltaire : « La cathédrale est la synthèse du pays. Je le répète : roches, forêts, jardins, soleil du Nord, tout cela est en raccourci dans ce corps gigantesque, toute notre France est dans nos cathédrales, comme toute la Grèce est en raccourci dans le Parthénon[52]. »

Nos cathédrales ont subi les tourments de cette ignorance : on a construit des chapelles entre les contreforts de la nef, on a démoli les jubés, abandonné la table mystique de la Cène, sans parler de la destruction d'une grande part de l'œuvre statuaire. Si bien que nous ne voyons plus aisément l'effort intense du Moyen Âge pour restaurer les données les plus traditionnelles, faisant de l'œuvre d'art la manifestation de l'ordre spirituel du monde quand nous entrons dans une cathédrale.

Chaque cathédrale contient trois rosaces qui ornent chacun des transepts et le grand porche. Un parcours initiatique est ainsi mis en œuvre. La rose qui se trouve sur la façade du transept gauche, la rose septentrionale, n'est jamais éclairée par le soleil, celle qui se trouve au transept droit, la rose méridionale, flamboie au soleil de midi. Mais la plus imposante est celle qui s'illumine aux rayons colorés du couchant, et qui surpasse en surface et en éclat ses sœurs latérales.

La première, au nord, est consacrée à l'Ancien Testament et symbolise la préparation et la purification, nécessaires pour se tourner vers la seconde, au sud, baignée de soleil et consacrée au Nouveau Testament. La façade de l'occident est réservée à la représentation du Jugement dernier: « Le soleil couchant éclaire cette grande scène du dernier soir du monde[53]. » Comme le souligne Fulcanelli dans *Le Mystère des cathédrales*, un mouvement alchimique se développe selon un processus circulaire allant des ténèbres à la perfection de la lumière rubiconde, en passant par la couleur blanche, considérée comme intermédiaire entre noir et rouge[54].

Une théologie de la lumière

L'oculus romain (tel qu'on le trouve encore à Saint-Gabriel de Tarascon), la coupole des basiliques de Constantinople, la fenêtre-roue de l'art roman sont autant d'origines des rosaces[55].

Mais la rosace est spécifiquement gothique. Elle naît de la méditation sur le rôle de la lumière que l'abbé Suger a voulu présenter dans le nouveau chœur de son église de Saint-Denis – modèle de toutes les cathédrales. La pensée de Suger, nourrie de l'Évangile de Jean – « Le Verbe était la lumière véritable, qui éclaire tout homme » (I, 9) – et s'inspirant du traité attribué à Denys, pose que Dieu est lumière. Tout comme le Christ est médiateur, le vitrail transmet la lumière du Verbe incréé.

Cette lumière présente bien des traits communs avec la perspective bouddhique de la Claire Lumière telle qu'elle est évoquée dans le *Bardo Thödol*, texte phare du tantra bouddhique. La Claire Lumière n'est pas la lumière du Soleil mais la lumière incréée, non fabriquée, que l'esprit apprend à reconnaître en se libérant de l'ignorance et des diverses formes d'attachement.

La rose est le monde

> *Le monde est là dans son entièreté, ses quatre*
> *Éléments, son origine à tout instant vive,*
> *Oracle, source toujours jaillie, indivise*[56]*.*
>
> ROBERT MARTEAU

Une rose médiévale manifeste les trois degrés de création que distingue le Moyen Âge : le monde spirituel avec sa hiérarchie angélique, les mondes immatériels des âmes et le monde sensible dans lequel nous passons. Or, comme le souligne Patrick Ringgenberg, « tous ces mondes sont comme des cercles concentriques disposés autour d'un point caché, qui est le Divin. La rosace médiévale illustre cette conception : son centre, où figurent presque toujours le Christ ou la Vierge et l'Enfant, représente le Créateur et la Parole divine, alors que son nimbe de lumière est la floraison du cosmos[57] ».

De même que les pétales de la rose gothique sont peuplés par de nombreux saints, un mandala contient un grand nombre de déités, orientées hiérarchiquement en fonction d'un Bouddha spécifique comme les saints le sont d'une représentation de Dieu, du Christ ou de la Vierge qui en est le cœur céleste.

Simplement, le bouddhisme, étant une tradition non théiste, considère que le centre n'est pas une personne, mais le vide ouvert et sans attache, que la déité principale manifeste.

La rose comme quête du centre

La rose, comme un mandala, est d'abord un cercle et comme tel, une figure du ciel, de l'inaltérable et de la pure harmonie.

Elle est aussi une roue, dont le symbole est celui du mouvement – en ses deux sens. Il peut soit être renouvellement incessant, libération de la pesanteur – qui explique l'assimilation de l'enseignement du Bouddha au fait de tourner la roue –, soit être signe d'assujettissement comme l'est la Roue de la Loi bouddhique, qui présente la manière dont les êtres sont enfermés dans le samsara. La roue de la fortune, où l'on voit les êtres s'égarer, en est une des manifestations.

La roue tourne et il importe de revenir au centre du mouvement pour ne pas se perdre. Se montre ainsi le mouvement que doit faire l'homme pour revenir du temps de la succession indéfinie d'une suite de maintenants qui deviennent des jours fatigués et éprouvants, au temps véritable, où rien ne manque plus. Comme le souligne Roger Parisot : « La rose, avec son pistil et ses pétales, la roue, avec son moyeu et ses rayons, symbolisent le Principe et son expansion spatiotemporelle qui est le Monde manifesté, et constituent de véritables mandalas. Pour de semblables raisons, elles ont l'une et l'autre un symbolisme solaire[58]. » Longtemps, les rosaces ont été des roues – la façade ouest de Notre-Dame de Mantes-la-Jolie est la première à rompre avec la stricte structure à rayons de la roue.

Le symbolisme de la fleur comme pure éclosion

Mais si les rosaces sont des roues de la vie, elles sont aussi des roses de lumière – et donc des fleurs.

Alors que le mandala est souvent un lotus, ou tout au moins en contient un en son milieu, la rosace d'une cathédrale est une rose, selon le même symbolisme de l'éclosion. Le lotus et la rose sont des symboles de l'expansion rayonnante de l'ouverture initiale. Elles témoignent, sur notre terre, de la présence éblouie de l'amour et de cette tension ardente qui préside tout aussi bien au tantra bouddhique qu'à la naissance du gothique.

UN SYMBOLE DE L'ÂME HUMAINE. LA LECTURE DE JUNG

Impossible d'achever notre parcours sans évoquer Jung. Son influence sur la compréhension du mandala en Occident est considérable. Mais sa lecture pose de grandes difficultés, en premier lieu parce que nombre des interprétations qui se revendiquent de lui ont fait du mandala une figure New Age, bien vague.

Jung est pourtant bien éloigné de la caricature qui est trop souvent faite de son travail. Pour comprendre le sens de sa pensée, il faut partir de l'aventure qu'il a vécue – c'est-à-dire remonter de l'expérience qui constitue la source de son effort de pensée. En 1913, Carl Gustav Jung traverse une crise profonde, en partie due à sa rupture avec Freud. Il a trente-huit ans. Depuis 1905, il est médecin-chef à la clinique psychiatrique de Zurich et professeur à l'université. Il s'éloigne de ses amis, quitte ses charges d'enseignement. Pendant trois ans, il vit ainsi à l'écart. Sa main erre parfois sur un carnet et il remarque que le crayon retourne invariablement au centre de la feuille. Il découvre ainsi, dans le vif de sa détresse, le schéma du mandala comme venant du plus profond de sa psyché. Se consacrant à cet exercice, il fait de cette figure un support de travail thérapeutique : « J'esquissais dans un carnet un petit dessin en forme de rond [...] qui semblait correspondre à ma situation intérieure. En m'appuyant sur ces images, je pouvais observer, jour après jour, les transformations psychiques qui s'opéraient en moi[59]... »

Pendant dix ans, il dessine sous diverses formes – carrés, cercles, labyrinthes – des mandalas. Il y découvre un travail d'élaboration précieux : « Je devais, explique-t-il, me laisser porter par le courant sans avoir la moindre idée d'où il me mènerait. Quand je me mettais à dessiner des mandalas, cependant, je voyais que tous les chemins que j'avais suivis, toutes les étapes que j'avais franchies, tout ce que j'avais accompli me ramenait immanquablement à un seul et même point, le point central. Il m'apparut avec de plus en plus d'évidence que le mandala est lui-même le centre, le point de rencontre de tous les chemins, le foyer de toutes les voies. C'est le chemin vers le centre, vers l'individuation[60]. »

Carl Gustav Jung, un mandala, *Le Livre rouge*.

À partir de sa rupture avec Freud en 1913, Carl Gustav Jung s'engage dans un immense travail personnel d'exploration de l'inconscient en interrogeant ses rêves et ses ombres. Au fil des ans, Jung peint les différentes scènes qui émergent de sa relation avec l'inconscient. Il compose ainsi *Le Livre rouge*, dont le titre original est *Liber Novus* (*Nouveau Livre*), qui ressemble à un texte médiéval ancien. C'est là que l'on trouve ces mandalas que Jung découvre seul, sans connaissance de la tradition orientale. En 1930, Jung interrompt la rédaction du *Livre rouge* et entreprend alors une étude complète de l'alchimie comme de la pensée asiatique. Ce texte, connu seulement par quelques rares personnes qui furent autorisées à le consulter, ne fut publié en fac-similé pour la première fois qu'en 2009.

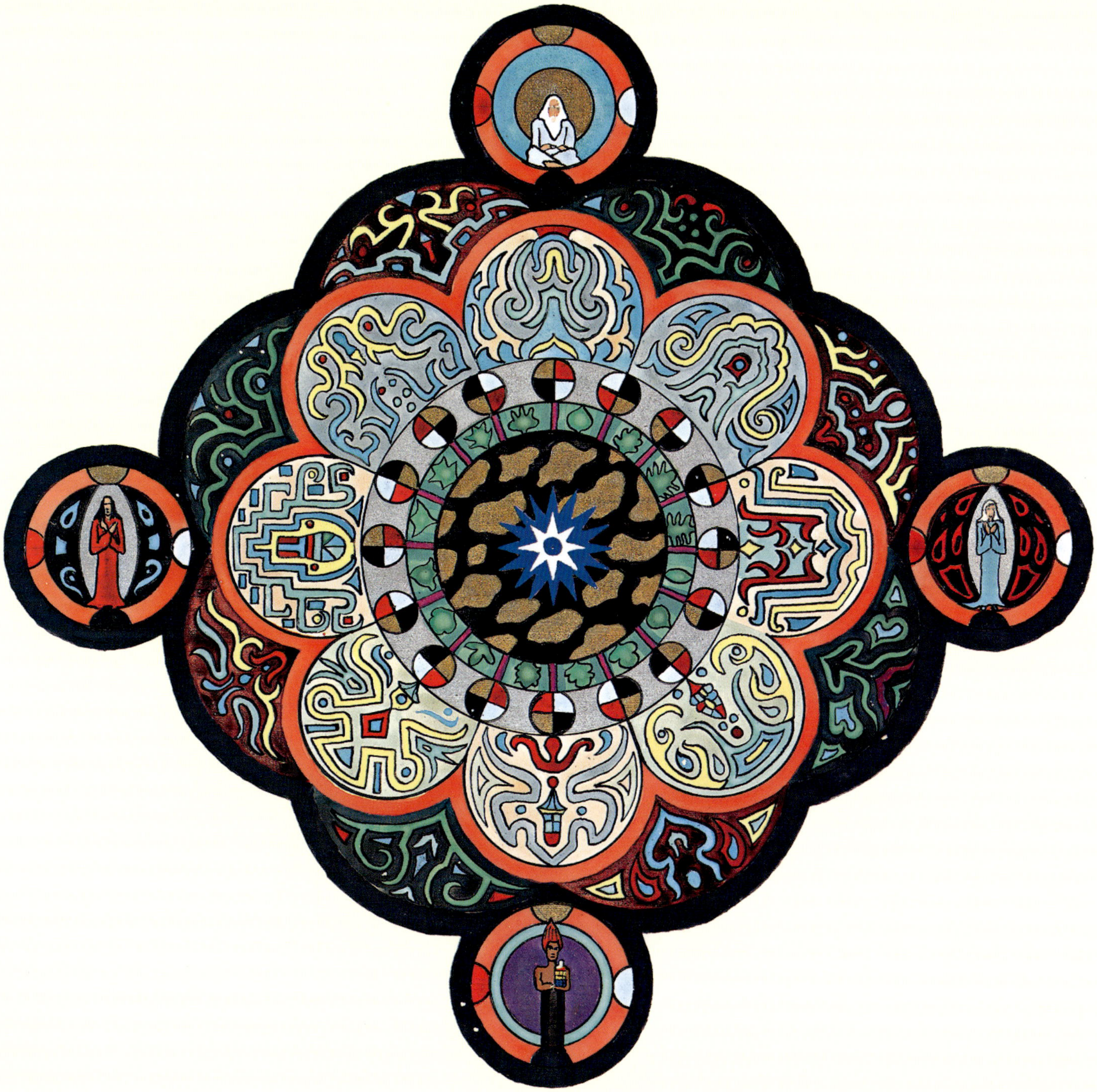

L'individuation est une notion qui a donné naissance aux plus profondes confusions. Pour Jung, il ne s'agit pas, par ce mouvement, contrairement à ce qui est souvent écrit, de se constituer comme sujet individuel et autonome mais d'accepter en soi l'épiphanie de l'inconnu dans une perspective marquée par Plotin comme le souligne, dans ses ouvrages, Michel Cazenave. L'apport le plus pertinent de Jung ne réside donc nullement dans la conception du mandala comme archétype permettant de se réaliser soi-même –, mais comme l'épreuve que le mandala est opératif et peut nous aider à réaliser le processus si dense et profond qu'il nomme « individuation ». Processus qui est non une sinécure mais un saut dans la dimension la plus vaste de l'être, ouverture sur le monde de l'âme.

Jung pressent ici l'un des sens profonds du mandala – qui vise à permettre à l'être humain de retrouver son centre, qui n'a plus rien à voir avec le moi-moi-même-et-encore-moi qui nous enserre jour après jour, mais est ouvert, vide et lumineux comme le visage de la déité. Jung pressent aussi le lien profond du mandala avec la traversée de la sombre forêt propre à toute l'alchimie. Car en effet, le cœur de la voie tantrique est le voyage alchimique qui invite à passer par l'œuvre au noir.

Sur le détail de ses analyses, Jung est peu sûr – et pour cause, il travaille à une époque où la connaissance du mandala est en Occident inexistante. Ce n'est qu'en 1928 que Jung découvre l'existence de mandalas bouddhiques. Son ami, l'orientaliste Richard Wilhelm, lui envoie la traduction d'un traité de méditation alchimique, d'inspiration taoïste, *Le Mystère de la Fleur d'or*. Jung raconte dans son autobiographie l'enthousiasme que lui donna cette lecture qui vint percer sa solitude en lui permettant de mieux comprendre ce qu'il vivait. Je crois que l'on s'égare à propos de Jung si l'on oublie qu'il tente de penser une épreuve qu'il a eu le courage de traverser en acceptant d'entrer dans l'inconnu. Et cette crise que traverse Jung n'est pas seulement personnelle, elle est aussi en rapport à ce qu'il perçoit du risque de désintégration propre à notre temps – et dont le mandala permet de guérir.

Jung est donc tout à fait conscient que la psychologie à laquelle il se rattache naît de la crise moderne, de l'irrémédiable cassure qu'elle instaure : « Depuis que les étoiles sont tombées du ciel et que nos symboles les plus sublimes ont pâli, une vie secrète règne dans l'inconscient. C'est pourquoi nous avons de nos jours une psychologie, et c'est pourquoi nous parlons de l'inconscient. Tout cela serait et est même en fait, complètement inutile à une époque et dans une forme de civilisation qui possèdent des symboles[61]. » Jung se garde bien de confondre les figures spontanément formées par l'inconscient de ses patients avec les mandalas propres au monde indo-tibétain : « Aucun mandala européen, à ma connaissance (j'en possède une assez ample collection), n'atteint à l'harmonie fixée conventionnellement et traditionnellement, ainsi qu'à la perfection du mandala oriental[62] », rappelait-il. La psychologie est bien le signe d'une catastrophe.

Par sa propre épreuve, par son effort pour tenter de percer à jour la vérité de la modernité, Jung est un témoin que le mandala, loin d'être une simple donnée psychologique, ou pire encore une figure anthropologique ou ethnographique particulière, liée à un contexte qui nous serait étranger, touche à la vérité de l'existence humaine.

Mais quelle est cette désintégration propre à l'âge moderne ? Comment le mandala peut-il y répondre ? Il faut regarder les grands tableaux modernes pour apporter des réponses car ils en sont les plus courageux témoins.

VISIONS

MODERNES
DU MANDALA

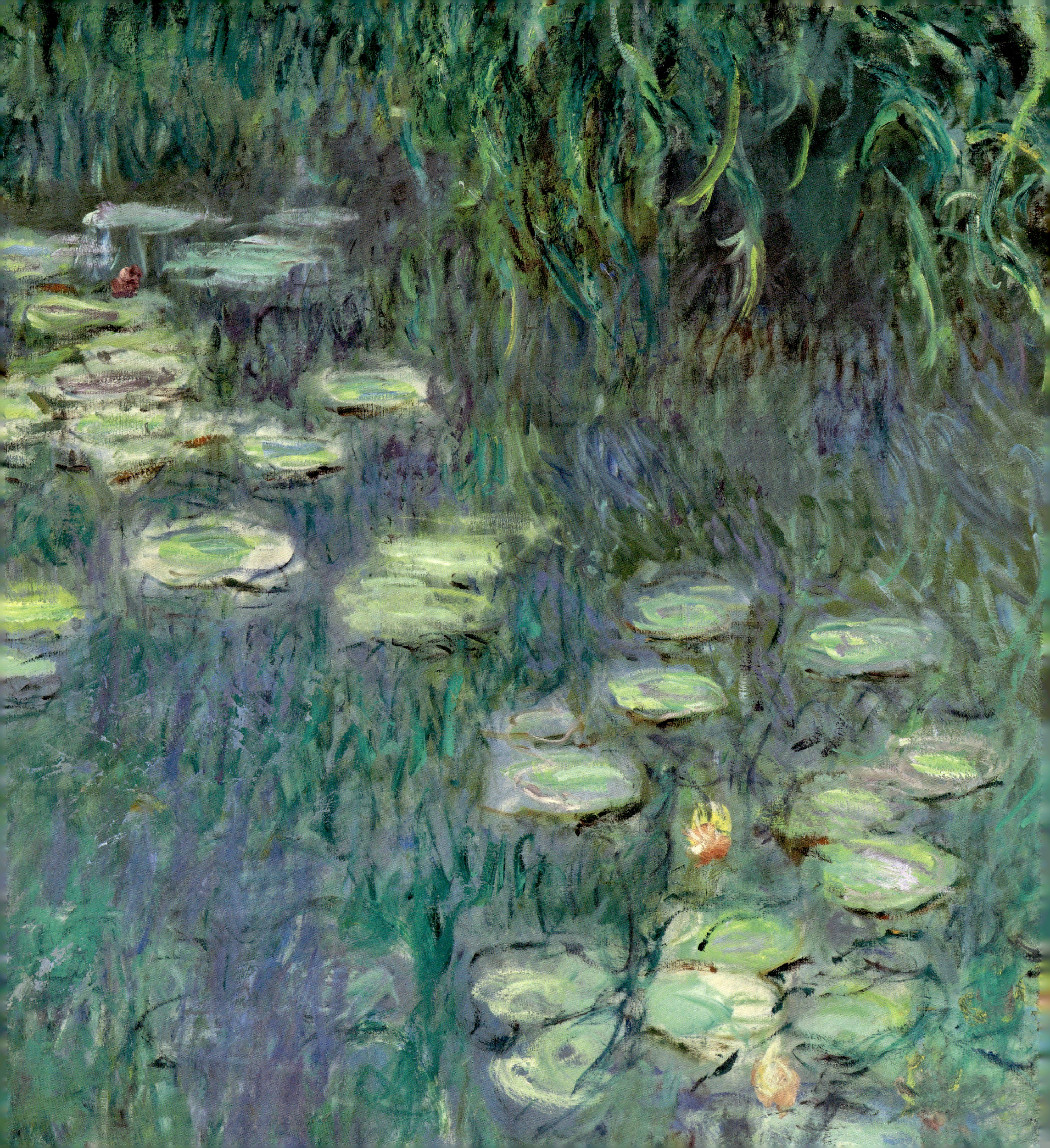

> *La Terre est abandonnée comme une maison que les termites ont rongée de part en part [...]. La surface plane suspendue de la couleur picturale sur le drap de la toile blanche donne immédiatement à notre conscience la sensation forte de l'espace*[63].
>
> KAZIMIR MALEVITCH

> *Celui qui n'a pas le goût de l'absolu (la perfection) se contente d'une médiocrité tranquille*[64].
>
> PAUL CÉZANNE

> *Je sais que je suis l'un des artistes qui expriment le plus fortement l'absolu*[65].
>
> PIET MONDRIAN

Monet, *Les Nymphéas, matin*, XXe siècle, Paris, musée de l'Orangerie.

Claude Monet est avec Paul Cézanne, mais d'une tout autre manière, celui qui a ouvert la peinture à la modernité. Avec lui, le champ de la peinture devient une pure surface colorée. Le tableau est élaboré sans la profondeur illusionniste de la perspective, en étant animé par la seule modulation de la couleur. Cette confiance dans le geste et la respiration de la peinture, qui n'a plus à s'appuyer sur une réflexion conceptuelle et un jeu de représentations construites en une image, est un événement considérable. L'entrée de la peinture dans le plein déploiement spirituel. Regarder une telle œuvre ne demande plus un effort de compréhension et ne suscite pas non plus le plaisir de voir une représentation juste, elle nous immerge dans la peinture devenue monde.

LA TRÈS SINGULIÈRE RÉVOLUTION MODERNE

Le visage de Janus de la modernité

Le mandala est une sorte de prototype de toute sphère sacrée, de cette tapisserie de symboles qui fait monde et que l'on retrouve chez tous les peuples de la Terre. Il dépend d'une pensée traditionnelle – si l'on entend le terme de tradition non comme la conservation de ce qui a été d'une façon que Nietzsche qualifierait d'antiquaire, mais comme la mémoire de l'origine vivante, la fidélité aux dieux, le visage d'une donation non fabriquée ou décidée par l'homme.

Le mandala est ainsi la parole mythique et le geste sacré – devenant décor. Tel est le sens du mot chinois *wen* que l'on traduit généralement par culture. Pourtant, le terme chinois désigne bien plus proprement l'ornement, le raffinement comme ce qui institue une civilisation. Il renvoie aussi au signe, à la fois du « langage céleste », comme le soleil et la lune (*tianwen* est aujourd'hui l'astronomie) et au signe d'écriture.

Dans un sens voisin de cette pensée chinoise, Matisse note : « Expression et décoration ne sont qu'une seule et même chose, le second terme étant condensé dans le premier[66]. » « Décorer » vient du verbe *decet*, évoquant la décence, c'est-à-dire l'observation de ce qui convient, de ce qui est approprié.

Décorer, c'est aussi se configurer à l'ordre de l'univers. Tel est l'un des rituels communs aux différents peuples de la Terre, des Indiens d'Amérique et leur coiffe aux pratiquants tantriques du Tibet, jusqu'aux francs-maçons d'Occident. L'être humain a besoin de faire l'épreuve de sa décence. Le mandala lui montre pour cela un chemin, en lui donnant place au sein de l'univers devenu poème. Il l'invite à quitter l'ordre naturel pour entrer dans celui de la culture, de la civilité et civilisation au sens du décor, de ce qui ordonne l'homme à sa propre excellence, le met en rapport aux autres et à un monde ordonné et sacré.

La modernité naît de la défaite de cet ordre ancien. Elle fait l'épreuve de son effacement et de son impossibilité.

Mais le sens de la modernité est si complexe et si contradictoire, que presque tous ceux qui ont tenté de dire ce qui la constitue en propre s'y sont cassé les dents. La modernité est-elle la mort de Dieu et une libération de ce qui tenait l'être humain enferré dans la superstition ? Le monde nouveau du progrès et de la globalisation qui nous rend responsables du sort de tous les hommes qui habitent la Terre ? Est-elle le moment des Lumières ou « l'Âge sombre des ténèbres » dont parlent les textes indiens ? Le règne de la quantité et l'oubli de la dimension spirituelle ? Hiroshima et la Shoah ?

En fait, la modernité ressemble à Janus.

Janus était un dieu romain, qui fut d'abord le dieu des portes. Il avait donc deux visages, l'un tourné vers l'intérieur et l'autre vers la sortie et le dehors, puis par extension vers le jour et vers la nuit. Le philosophe Gérard Guest y voit une figure du Dieu ultime, propre à notre temps. L'un de ses visages est tourné vers *la ruine*, l'autre vers *l'indemne*[67].

Essayons de saisir la modernité dans sa tension. La modernité est la situation dans laquelle l'ordre stable du monde ancien – marqué par le retrait des dieux dont parle Hölderlin ou par la mort de Dieu que décrit, non sans effroi, Nietzsche – devient indiscutable.

Cette situation recèle bien un double visage : celui de la catastrophe et celui d'un singulier possible.

C'est une catastrophe, parce que désormais aucun sens n'est donné à l'homme. Nous faisons l'épreuve d'une désorientation abyssale – sans commune mesure avec celle d'aucune autre époque. Nous sommes confrontés, comme le décrivent Rilke dans *Les Cahiers de Malte Laurids Brigge* ou encore Franz Kafka, à la négation de notre existence. Nous devenons de simples producteurs-consommateurs, gérés selon les intérêts d'un ordre économique ou biologique sans égard pour notre humanité. La guerre, malgré l'effroi qu'elle entraîne, fut l'occasion, dans toute l'histoire de l'humanité, de manifester bravoure et excellence comme l'*Iliade* ou *La Chanson de Roland* en témoigne. Or désormais, la guerre a nié si radicalement tout de l'être humain, qu'elle n'est plus qu'un acharnement de pure destruction. La Shoah n'est pas un accident de notre histoire mais en révèle un aspect constitutif. Elle est le signe, comme l'écrit François Fédier, d'un « nihilisme achevé » que nous sommes encore bien loin d'avoir commencé à nommer. Il y a eu certes des massacres de population, depuis les temps les plus anciens. L'humanité n'a pas été épargnée par l'horreur. Mais la singularité du crime nihiliste propre à la Shoah est que désormais des êtres humains entreprennent de détruire *techniquement* d'autres êtres humains. Nous n'avons pas encore pris la mesure de l'atrocité de cette situation où rien ne vient plus faire Loi devant la volonté de l'être humain.

Mais la modernité est aussi une chance, car ce qui disparaît avec le monde traditionnel c'est une structuration qui limite d'avance la radicalité abyssale de la liberté propre à chaque être humain. À l'âge classique, le poète qui compose un poème sait, par exemple s'il écrit un sonnet, la forme canonique qu'il doit prendre. À l'âge moderne, le poète n'a plus aucun point d'appui. Il lui faut trouver lui-même la forme juste. Elle ne préexiste pas à son poème. Cette situation a magnifiquement été décrite par Matisse répondant à des amis qui l'invitaient à jouer au jeu d'échecs : « Je ne peux jouer avec des signes qui ne changent jamais. Ce Fou, ce Roi, cette Dame, cette Tour… ne me disent rien. Mais si vous mettiez des figurines à la ressemblance d'Un

Tel, d'un Autre, et d'Autres encore, de gens dont nous connaissons la vie, là, je pourrais jouer mais en inventant un signe pour chaque pion au cours de chaque partie[68]. » Situation singulière. Elle est à la fois terrible. Comment jouer un tel jeu ? Elle touche aussi à une vérité profonde : dans la situation moderne aucune figure normée n'est plus vivante si elle n'est pas éprouvée sur le vif de l'expérience ; mais, surtout, les règles doivent s'inventer à neuf en chaque situation.

Le visage nihiliste de la modernité provient de l'impossibilité à soutenir cette liberté, elle en est même son refus délibéré.

La vérité interne de la modernité

Tel est bien le grand secret de la modernité : seul celui qui répond à ce qui en est le mouvement de vérité propre ne succombe pas à son attaque. La modernité a quelque chose à voir avec ces dragons dont nous parle Rilke et qui sont, en vérité, « des princesses qui attendent de nous voir beaux et courageux[69] ».

Ma conviction en écrivant sur l'art, en enseignant la méditation bouddhique, en essayant philosophiquement de penser notre temps, est que l'art moderne, dans ses grandes réussites, nous montre le visage tourné vers l'indemne et ouvre un chemin. Le seul qu'il nous soit encore possible d'emprunter. Pourquoi ? Parce que les voies religieuses et politiques, n'éprouvant pas la vérité secrète de notre époque, sont stériles.

Mais alors qu'en est-il du mandala ? Il présente certes un des visages les plus éminents de la civilisation considérée comme ce qui élève l'homme et lui donne une décence heureuse. Mais la seule possibilité d'être de nos jours fidèle au mandala est de le confronter à la modernité. Comme figure d'un ordre établi, il n'est plus possible à l'âge moderne. Signe incontestable : tous les mandalas peints aujourd'hui peuvent bien suivre les canons les plus sûrs, le souffle sacré, inhérent aux mandalas anciens, leur fait défaut. Ils sont kitsch et trahissent ainsi le sens profond du mandala qui n'est pas de faire une belle image, de respecter des règles, mais d'être le témoin d'une harmonie spirituelle indéniable.

Notre regard sur les mandalas est pauvre. Nous les voyons comme des documents d'une spiritualité exotique ou encore comme des jolies images. Lorsque je visite des expositions consacrées à l'art du Tibet ou du Bouthan, je suis généralement abattu, tant la manière de les montrer est sans le moindre égard pour la dimension authentiquement spirituelle qui en fait, pourtant, la raison d'être. Je n'y retrouve presque rien de l'expérience que je peux faire dans ma pratique. Au lieu de voir des tigres et des lions vifs et nobles, je vois exposées sur les murs des peaux de bêtes mortes.

Les œuvres d'art moderne qui retrouvent la visée du mandala nous en font vivre la vérité. Leur éclat transperce les murs. Les dénommer « œuvres d'art abstrait » est, eu égard à leur ambition, un non-sens. De telles œuvres n'appartiennent pas à « l'art abstrait » ni à aucun mouvement artistique – mais se dégageant de la représentation naturaliste qui avait étouffé la racine de l'art, elles en retrouvent ainsi le sens le plus traditionnel. Le phénomène est saisissant. Aucune autre époque, à part sans doute celle de l'art roman, n'a connu une telle profusion d'œuvres spirituelles de tout premier plan. L'art moderne est donc la sauvegarde de la tradition sous d'autres moyens que ceux de l'âge classique. Des moyens plus purs et profonds.

DOUBLE PAGE SUIVANTE

Quelques cercles (Eininge Kreise), Kandinsky, 1926, New York, Solomon R. Guggenheim Museum.

Dans une lettre à son ami et biographe Will Grohmann, Kandinsky lui confie qu'il se sert du cercle de façon privilégiée, non en raison de ses propriétés géométriques, mais pour son « intense perception de la force intérieure » de cette forme. L'abstraction, telle que la conçoit Kandinsky, le conduit à sentir la vibration des formes que tout art sacré – et au premier chef le mandala – célèbre. Avant la signification, l'éclat vibrant.

Mandala de Vasudhara, Tibet, XVIe siècle, Londres, British Museum.

Ce mandala est un jeu de cercles, entendus au sens où Kandinsky en parle. Devant une telle peinture, les cercles s'animent et nous donnent le sentiment même de la vie, dans sa pulsation originaire. Chaque couleur nous accorde de fond en comble au monde.

L'engagement spirituel des grands artistes abstraits du XXe siècle

La promesse spirituelle de l'art moderne est partout moquée, réduite à une anecdote quand elle n'est pas niée. La raison en est très profonde.

Au premier chef, les véritables artistes modernes sont rares et n'ont rien à voir avec la masse des faiseurs, des producteurs de tableaux qui ont au mieux su copier l'écorce de leurs fruits.

De plus, les critiques, professionnels de l'art, et les artistes médiocres en vue ont tous tenté de nier ce phénomène. Ainsi en 1984, Frank Stella affirmait : « Je n'ai aucun problème pour apprécier (et sous un certain rapport pour comprendre) la grande peinture abstraite du passé moderniste, celle de Kandinsky, Malevitch et Mondrian, mais j'ai plus de difficulté avec leurs affirmations, leur plaidoirie, leur

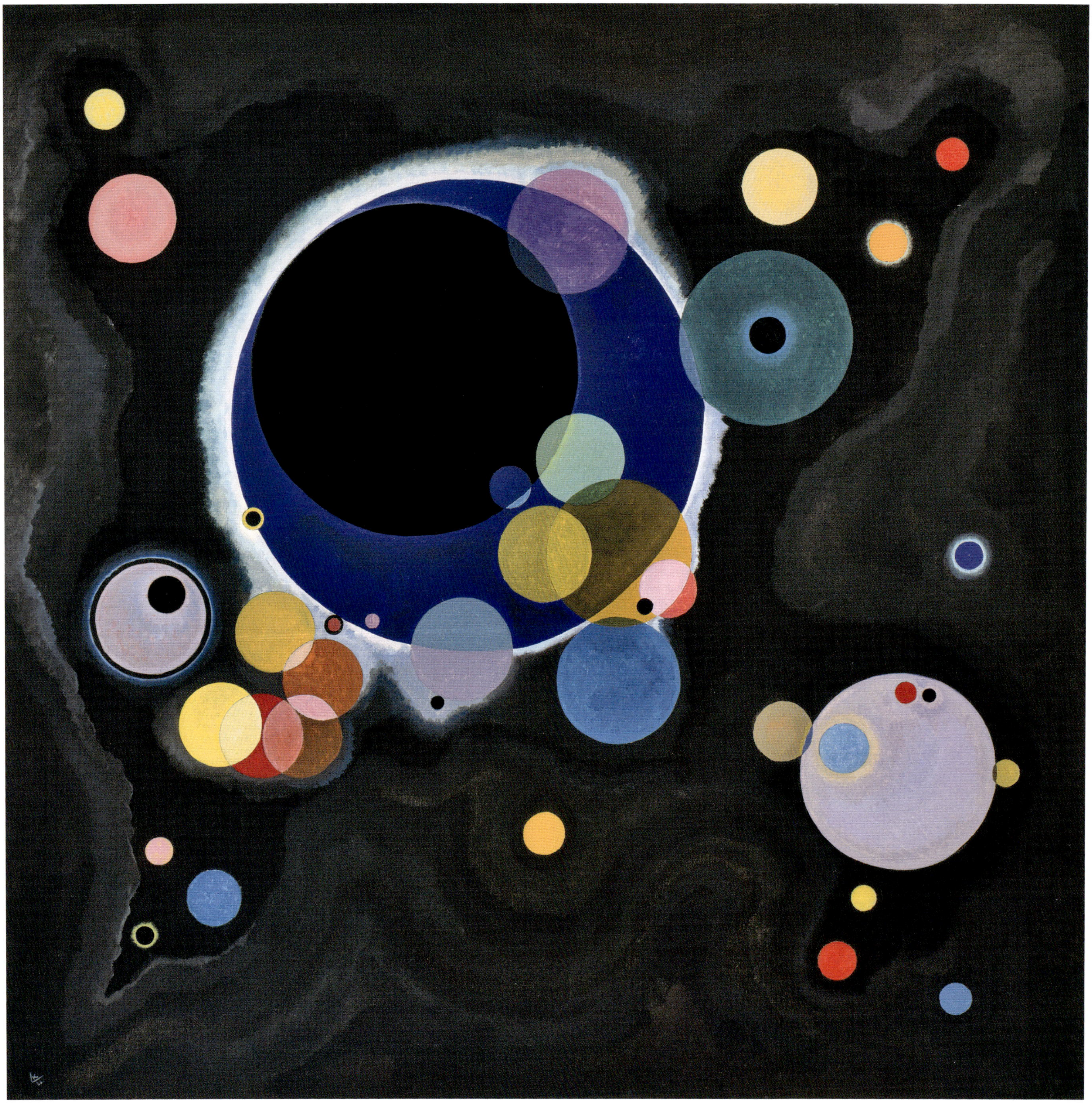

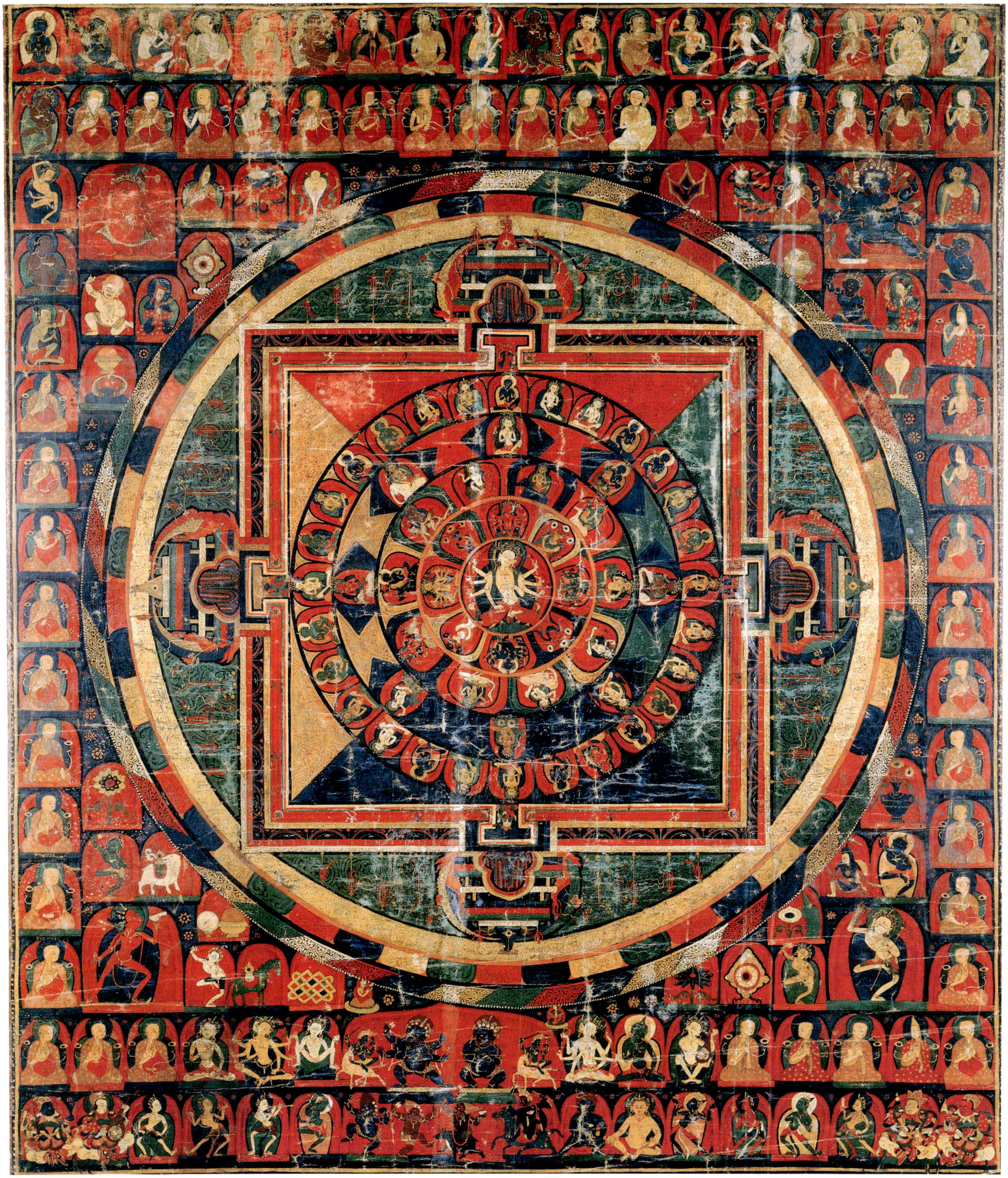

défense de l'abstraction. Mon sentiment est que ces raisons, ces étayages théoriques marqués de théosophie et d'antimatérialisme ont donné à la peinture abstraite un certain handicap qui a contribué à sa situation critique actuelle[70]. » Stella ne comprend pas l'aspiration de ces trois artistes qui, comme il le souligne, ont été animés par une quête spirituelle d'une rare intensité, les conduisant dans des études, des pratiques et des explorations qui leur ont permis de toucher la racine de la peinture au sens où Nelly Sachs écrivit au poète Paul Celan : « Cher ami – Vous avez saisi la racine de la langue comme Abraham la racine de la foi[71]. » Le geste est le même. La peinture cesse, pour eux, d'être un moyen en vue d'une fin, l'occasion d'exprimer une pensée, mais est le souffle le plus ardent de l'invisible. C'est parce que Stella comme nombre d'artistes contemporains ne sont pas prêts à un tel engagement, que leurs œuvres sont aussi insignifiantes. Des fabrications plus ou moins malignes.

La thèse officielle que l'art moderne est l'aboutissement logique des rapports esthétiques des mouvements précédents est donc aussi partiale que fausse. Elle nie la raison d'être des chefs-d'œuvre qui sont comme autant de mains tendues. Elle vise même à couper toutes les mains.

Comme le souligne Gérard Conio : « Les avant-gardes radicales s'inscrivaient dans un rapport à la transcendance et cherchaient un dévoilement de sens qui avait été occulté par tout le formalisme de la culture officielle alors qu'aujourd'hui le mot avant-garde désigne malheureusement le plus souvent une esthétique du n'importe quoi[72]. » Faute de distinguer ces deux visages de la modernité, l'engagement des grands artistes n'est plus compris ; on confond la déconstruction parodique de l'icône à des fins marchandes avec l'effort héroïque de maintenir un rapport vivant au sacré. Les premiers font croître le désert. Les seconds plantent des arbres.

Le second mouvement, parfois nommé « modernisme », n'est pas une adéquation à l'esprit du temps comme on le croit vulgairement, mais il est un extraordinaire *effort de résistance* selon Conio, l'invention d'un rapport qui garde le feu sacré constituant le propre de l'art, partout nié.

Nous ne comprenons plus rien, en faisant de ces œuvres des objets esthétiques, des réalisations « d'art plastique » alors qu'elles ont été pensées, conçues dans un combat contre l'effroi de notre temps. Comme l'écrivit Barnett Newman, qui a tant médité le sens de l'art : « L'artiste n'est pas là pour produire des décors faits à la main et destinés au marché. Il ne peut pas non plus se contenter de fabriquer de la "qualité", des peintures savoureuses qui flatteraient sa nature sensuelle et lui donneraient un certificat de compétence professionnelle. Au contraire, après avoir considéré le passé et analysé la situation présente, l'artiste, tel le physicien ou le philosophe, doit appliquer sa nouvelle intelligence aux problèmes contemporains les plus cruciaux et les faire pénétrer dans le futur – il doit débrouiller les choses[73]. »

Pourquoi nous avons tant à prendre au sérieux la profondeur de l'art moderne

Les obstacles qui empêchent d'accéder à la leçon des grands artistes modernes, d'y trouver une source d'inspiration, sont nombreux et retors. Un ensemble de préventions nous détourne d'une expérience qui est pourtant à la portée de tous, dès que l'on regarde un tableau de Mondrian ou de Kandinsky.

Voici quelques points cruciaux qu'il faut relever pour voir comme il faut un tableau moderne.

– La modernité artistique dans sa grandeur est la plus sérieuse et profonde critique faite à la barbarie de notre temps. La confondre avec la modernité telle qu'on l'entend habituellement (soit comme la victoire de la brutalité de la raison et du progrès comme ce qui est nouveau et implique de posséder le dernier téléphone portable à la mode) ferme tout accès à la vérité de la modernité en son sens poétique.

– Séparer le travail pictural des artistes de leur engagement spirituel et évoquer l'un sans l'autre, c'est décider de garder les yeux fermés. Nombre d'historiens de l'art comme de commissaires d'expositions, n'ayant aucun sens de la voie, s'y opposant même, ne disent rien de l'engagement vers le Sublime ou l'absolu des artistes dont ils s'occupent, quand ils ne cherchent pas à le nier. Leur travail ne peut alors qu'être égarant.

Malevitch, Kandinsky, Mondrian, Miró, Matisse, Newman sont parmi les plus grands théologiens et les plus étonnants mystiques du XXe siècle. Ce fut tout le sens de leur travail. Leurs œuvres témoignent avec force de cette dimension sacrée. Les voir implique nécessairement d'en faire l'expérience.

– La conception que nous avons de l'œuvre d'art comme expérience esthétique est si étroite, que la manière dont ces œuvres visent à renverser notre manière de penser, de sentir, comme de vivre ensemble, nous échappe. Pourtant, Mondrian, Newman ou Pollock sont bien plus révolutionnaires que ceux que nous avons pris pour tels et qui étaient, en réalité, d'un conformisme malheureux. Leurs œuvres ne visent à aucun divertissement mais témoignent de la plus profonde vérité. En sont l'extrême épreuve.

– La presque totalité des expositions des grands artistes modernes sont organisées selon des enjeux muséographiques qui empêchent de faire l'expérience à laquelle ces artistes eux-mêmes nous invitent. Tous ont cherché à penser l'exposition, la place de l'œuvre d'art comme expérience unique et inspirée – non avec cette uniformité clinique et quantitative qui domine aujourd'hui.

– Ce que l'on nomme les « mouvements artistiques », la suite des « ismes », est un point de vue tout extérieur à la vérité interne de l'art. Son importance est donc très limitée[74]. Savoir que Cézanne a été un impressionniste, Matisse un fauve, Pollock un artiste expressionniste abstrait est, en réalité, bien plus égarant qu'éclairant. Le propre de la modernité est non d'embrigader l'homme dans des écoles, mais de lui faire éprouver la singularité unique de sa vision. Telle est la connivence qui lie la modernité à la liberté.

– Ce que l'on nomme aujourd'hui « art contemporain » ou « postmodernité » n'est qu'une tentative de nier l'engagement moderne, sa visée tout autant sociale, spirituelle et politique. L'art contemporain occulte le projet moderne et veut, sous des dehors de provocation facile et sans conséquence, s'intégrer dans l'espace social. Il est un académisme, car il n'est qu'une manipulation de concepts flous, sans égard pour l'existence réelle de l'homme.

L'académisme et ce que l'on appelle l'art pompier ont été, au XIXe siècle, la négation de l'espace pictural et poétique pour que dominent seuls le sens, l'allégorie, la construction conceptuelle d'un projet présenté avec un savoir-faire manifeste qui en permet la réalisation matérielle. En ce sens, l'art contemporain, qui demande à être compris, expliqué, qui se veut « engagé », qui cherche le gigantisme, est un art pompier, c'est-à-dire tout entier un produit du Parti Intellectuel que dénonçait Charles Péguy.

L'art moderne est, tout au contraire, l'épreuve que toute idée, tout concept, ne fait que nous éloigner de la vérité de l'œuvre d'art qui est une expérience « messianique[75] ». Il existe aujourd'hui des artistes modernes mais qui, comme ceux d'autrefois, ne sont pas ceux que le marché promeut. En ce sens, la modernité poétique n'est pas dépassée par la fiction d'un art contemporain qui n'existe pas, elle est notre présent toujours à-venir.

LE TABLEAU COMME UNIVERS AUTONOME

> *Je ne veux pas faire un tableau, je veux ouvrir l'espace, créer pour l'art une nouvelle dimension, le rattacher au cosmos, tel qu'il s'étend, infini, au-delà de la surface plate de l'image[76].*
>
> LUCIO FONTANA

Oublier la nature, abandonner la représentation

Avec l'abstraction, l'œuvre d'art ne représente plus quelque chose. Le peintre cesse d'être un sujet qui se trouve devant un objet. Il radicalise la perspective rappelée par Maurice Denis : « Se rappeler qu'un tableau, avant d'être un cheval de bataille, une femme nue ou une quelconque anecdote, est essentiellement une surface plane recouverte de couleurs en un certain ordre assemblées[77]. »

Dans les grands tableaux modernes, est désormais montrée une réalité picturale qui a en elle-même sa propre loi, comme un mandala. Cézanne le découvre, le premier : « Un tableau ne représente rien, ne doit rien représenter d'abord que des couleurs[78]... » Le mandala n'est pas une image d'une réalité que l'on peut prendre en photo, mais le sens même du réel qui inclut, comme je l'ai souligné, notre propre *rapport* à lui. Un compte rendu d'une conférence que Kandinsky donna en 1928 explicite cet engagement : la peinture abstraite « ne se soucie ni de fixer des événements passagers (tableaux historiques), ni de représenter matériellement des réalités surnaturelles, ni encore moins de mettre en œuvre des programmes didactiques, voire moralisants[79] ». Kandinsky refuse, comme Mondrian ou Malevitch, un art fonctionnel qui conduit nécessairement à un dépérissement de toute perception vivante et spirituelle. Kandinsky prend ses distances avec une tendance de l'école du Bauhaus au rationalisme fonctionnel, Mondrian rompt avec *De Stijl* et Malevitch avec les constructivistes. Le parallélisme est impressionnant. Dans ces diverses situations, dépendant de contextes tout différents, ces trois artistes ont refusé que le nouveau langage qu'ils ont contribué à élaborer devienne un élément de l'organisation fonctionnelle de la vie. Ils refusent que le peintre laisse place à l'artiste-ingénieur, à l'artiste productiviste, qui conduit par exemple Van Doesburg à affirmer : « C'est la forme contrôlable que je revendique pour la peinture, la sculpture et l'architecture[80]. »

Leurs descendants Yves Klein, Lucio Fontana, les grands Américains à la suite de Pollock que sont Willem De Kooning, Mark Rothko, Sam Francis, Barnett Newman ou Morris Louis puis Dan Flavin et le dernier Jean Dubuffet, ont tenté de toucher le feu du ciel. C'est fidèle à cette aspiration que l'œuvre soit tout entière spirituelle que Barnett Newman écrivit : « L'image que nous produisons est l'évidence même d'une révélation, réelle et concrète, accessible à tous ceux qui ne la regardent pas avec les lunettes nostalgiques de l'histoire[81]. »

La révolution est très profonde. L'œuvre d'art en Occident a souvent été conçue comme un décalque habile de la réalité. Ainsi, pour les Grecs, l'origine du dessin remontait à ce moment où une jeune fille avait gravé sur un mur l'ombre, projetée par un flambeau, du profil de son fiancé partant au combat. Les grands artistes Zeuxis et Parrhasios témoignent de cette conception singulière de l'œuvre d'art. Zeuxis peignit des raisins avec tant de vérité que des oiseaux vinrent les becqueter. Parrhasios apporta un rideau si naturellement représenté, que Zeuxis, tout fier de la sentence des oiseaux, demanda qu'on le tirât enfin pour faire voir le tableau. Reconnaissant son illusion, il s'avoua vaincu avec une franche modestie, étant donné que lui n'avait trompé que des oiseaux, et que Parrhasios avait trompé l'homme qu'il était. Toute œuvre d'art tend, dans cette perspective, à devoir être une sorte de copie de la réalité si bien que Léonard de Vinci affirmait que « le meilleur artiste, c'est le miroir ».

Le mandala n'appartient pas à cet horizon. Il montre une réalité qui n'a rien à voir avec un enregistrement mécanique. Aussi, est-il plus traditionnel au sens spirituel que le courant dominant de l'art occidental dont le modèle est le trompe-l'œil. Il ne copie pas les apparences mais donne droit à la présence même.

Or les artistes modernes ont tenté de trouver à leur tour ce sens de la présence. L'art non figuratif, plus particulièrement en pensant le tableau comme monde unitaire et complet et non comme fragment, fenêtre ou théâtre, rejoint l'inspiration qui préside à la réalisation des mandalas.

Au-delà de l'image et du tableau : retrouver l'immensité, « déclarer » l'espace

> *Lorsque l'on représente quelque chose de percevable*
> *pour les sens on exprime quelque chose d'humain.*
> *Lorsque l'on ne représente pas les choses,*
> *il reste de la place pour le divin*[82].
>
> PIET MONDRIAN

Réfugié en Argentine durant la Seconde Guerre mondiale, le peintre italien Lucio Fontana publie à Buenos Aires, en 1946, le *Manifeste blanc*, dans lequel il préconise « l'abandon de l'usage des formes connues de l'art pour le développement d'un art basé sur l'unité du temps et de l'espace ». À cinquante ans, en 1949, après une longue carrière tout particulièrement de sculpteur et de céramiste, Fontana fait le saut dans l'au-delà de l'image et entaille la toile. Comme il l'écrivit : « Mon art repose aussi sur cette pureté, sur cette philosophie du néant, mais il ne s'agit pas

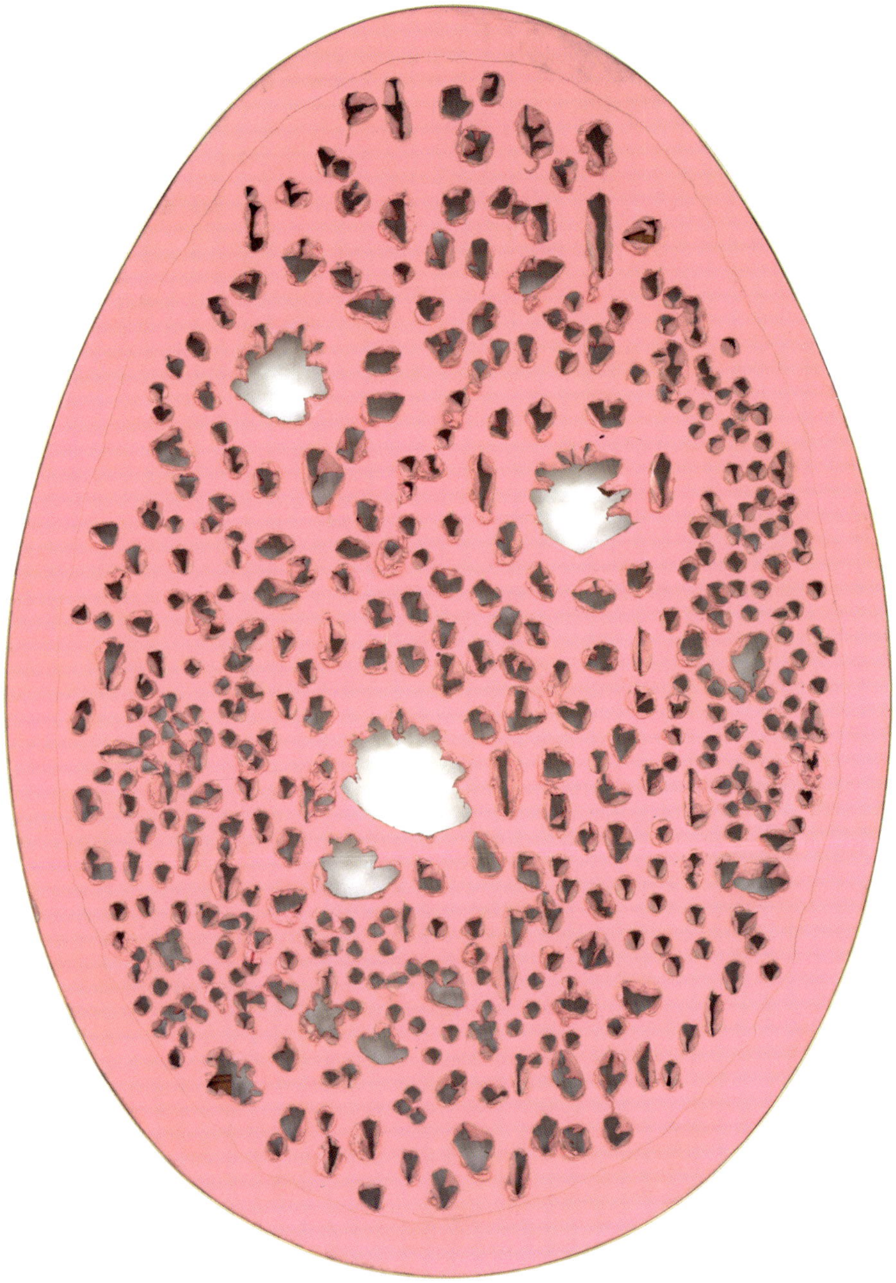

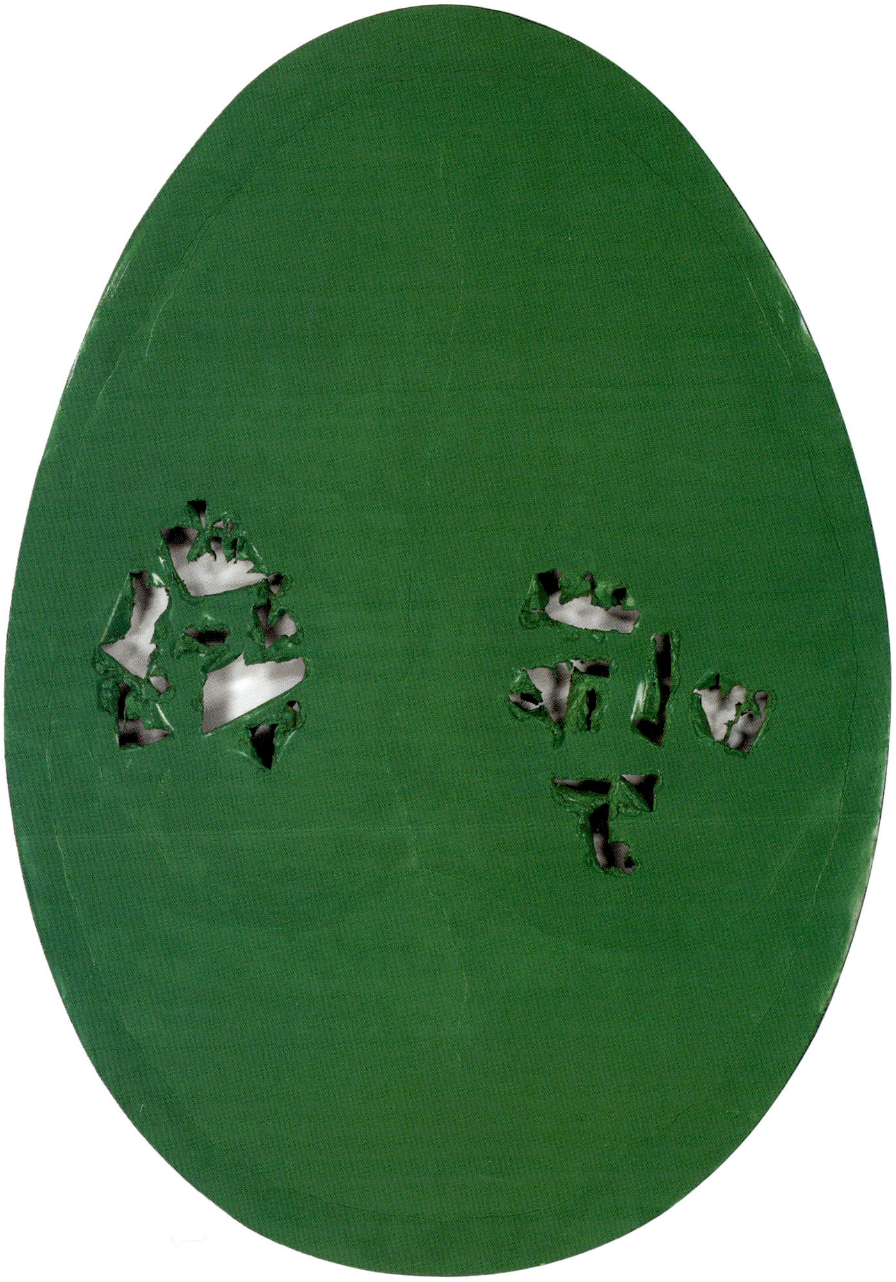

d'un néant de destruction, c'est un néant de création, tu comprends ? Et la fente, justement, vraiment ce trou, les premiers trous, ce n'était pas la destruction du tableau, le geste informel dont on m'a toujours accusé et je n'ai jamais rien dit, c'était vraiment une dimension au-delà du tableau[83]. » Ce geste d'une grande radicalité, d'une justesse inouïe, désigne l'infini. Il le rend manifeste. Il est insuffisant de chercher à le comprendre conceptuellement, il faut en faire l'épreuve, faire l'épreuve de l'infini qui surgit sur la toile.

Ce geste n'engage pas Fontana dans l'art abstrait – il y a des milliers de peintres abstraits – mais dans une dimension qui conduit au-delà de toute image. Il est une façon, selon la formule de Newman, de « déclarer l'espace ».

La Mort de Dieu, Lucio Fontana, 1963, collection privée.
La Mort de Dieu, Lucio Fontana, 1963, Paris, musée national d'Art moderne, centre Georges-Pompidou.

Ces tableaux en forme d'œufs nous montrent des toiles d'une couleur subtile, trouée. Un tel geste traverse l'immédiateté habituelle. Il perce la toile non pour l'abîmer mais pour aller au-delà du tableau. Non pour aller vers un ailleurs, mais simplement pour ne pas s'accrocher à la surface. Pour la laisser respirer. Il n'y a rien derrière. Telle est la mort de Dieu. Il n'y a rien derrière l'image, la peinture dans sa singularité suffit seule à animer le monde, à faire monde : « Désormais, écrit Lucio Fontana, dans l'espace, il n'y a plus de mesures. Tu vois, maintenant l'infini... » L'infini, c'est la peinture que rien n'entrave.
Le temps où l'on présentait des images de Dieu est fini. Dieu est inconcevable. Invisible. Ces tableaux en sont des actes de foi inouïs.

Tous ces peintres ici évoqués ont fait ce *saut*. Le passage dans l'autre dimension fut, comme ils en ont témoigné, une sorte d'éveil – qui ressemble, pour une part, aux récits de conversion religieuse. Ce fut, à chaque fois, une traversée qui leur coûta infiniment, car comme le souligne Michel Cazenave : « Il faut un courage, et bien plus qu'un courage, une témérité de tout l'être, pour avancer au désert où menacent la foudre, la folie et la mort[84]. »

Kandinsky a décrit le moment où le passage s'est ouvert à lui : « Beaucoup plus tard, déjà à Munich, dans mon atelier, je restai sous le charme d'une vision inattendue. C'était à l'heure du crépuscule naissant. J'arrivais chez moi avec ma boîte de peinture après une étude, encore (perdu dans mon rêve et absorbé par le travail que je venais de terminer), lorsque je vis soudain un tableau d'une beauté indescriptible, imprégné d'une grande ardeur intérieure. Je restai d'abord interdit, puis je me dirigeai rapidement vers ce tableau mystérieux (sur lequel je ne voyais que des formes et des couleurs et dont le sujet était incompréhensible). Je trouvai aussitôt le mot de l'énigme : c'était un de mes tableaux qui était appuyé au mur sur le côté. J'essayai le lendemain de retrouver à la lumière du jour l'impression éprouvée la veille devant ce tableau. Mais je n'y arrivai qu'à moitié : même sur le côté je reconnaissais constamment les objets et il manquait la fine lumière du crépuscule. Maintenant j'étais fixé, l'objet nuisait à mes tableaux[85]. »

Quel est ce saut ? Entrer dans la dimension d'une présence qui n'a rien à voir avec la représentation d'un objet et dont la nécessité s'impose. Entrer dans la dimension du *mandala*.

Lorsque nous regardons ces grands tableaux dont d'année en année nous voyons mieux l'importance, il est crucial de saisir cette percée qu'ils réalisent, et de ne pas se perdre dans des considérations adventices. On a estimé que Kandinsky, parce qu'il insiste dans ses écrits sur sa volonté de traduire « le son intérieur », restait prisonnier du symbolisme et de la subjectivité – et que son abstraction était ainsi limitée. On a parfois, à l'inverse, affirmé que Mondrian avait fondé un système et s'était enfermé dans la géométrie, pour s'en libérer dans ses seules dernières toiles.

Ces jugements n'ont de sens que si l'on oublie de *voir* leurs œuvres et que l'on nie le parcours qui a présidé à leur naissance. Un tableau de Kandinsky met le spectateur devant un espace absolument autre que celui qu'il connaît et les peintures des dernières années, avec leurs silhouettes sans forme, qui semblent flotter dans le Rien, ne sont pas moins puissantes que les peintures de ses débuts. Le travail de Mondrian, qui n'a cessé de se renouveler, de changer, n'a strictement rien de systématique. Il suffit de regarder comment parfois il vernit sa ligne noire pour susciter un contraste plus soutenu avec le reste de la toile, comment sa touche donne à son blanc une matité extraordinaire, combien chaque peinture est unique, pour s'en rendre compte.

Cette percée dans l'au-delà de toute image a été une épreuve d'une difficulté extrême. Kandinsky a près de quarante-cinq ans quand il peint sa première aquarelle abstraite et il lui faut encore bien des années pour en prendre la mesure et en suivre l'appel. Mondrian a une longue œuvre derrière lui, et près de cinquante ans, quand il fait la traversée. Barnett Newman réalise ses premières œuvres abouties alors qu'il a quarante-trois ans ! Jean Dubuffet peut certes se prévaloir d'une œuvre importante et conséquente quand, à plus de quatre-vingts ans, en février 1983, il s'engage dans la série des *Mires* suivie de celle des *Non-lieux*. Par là, il dépasse tout ce qu'il a fait jusqu'alors et touche cette dimension de l'extrême simplicité. Dubuffet, le premier, semble surpris, si ce n'est même effrayé de son audace, comme il le dit dans une lettre écrite quelques jours avant sa mort à son ami Jacques Berne : « Dans les *Mires* est évoqué "de l'existant" (dans une forme imaginaire tout à fait éloignée des lectures humaines) au lieu que dans les *Non-lieux* la notion d'exister devient problématique, ils évoquent plutôt un néant gorgé de potentiels fantasmes d'existence. C'est beaucoup demander aux visiteurs d'expositions de transporter avec moi leur siège en de tels parages[86]. »

Le vide est forme, la forme est vide

La tâche première de ces peintres fut de faire un tableau qui ne montre plus une forme sur un fond. Revenant sur son cheminement, Mondrian souligne : « Dans les tableaux de jeunesse, l'espace était encore à l'arrière-plan. Je commençais par déterminer les formes, les verticales et les horizontales devenaient des rectangles. Elles avaient toujours l'air d'être des formes se détachant sur un arrière-plan[87]... » Or, le dessein spirituel de la modernité implique de supprimer cette opposition pour, selon Pierre Schneider, voir le « règne exclusif du fond », ou selon l'immense critique d'art américain, Clement Greeberg, voir « le tableau qui devient premier plan », c'est-à-dire « ramener la peinture à la surface ». Découvrir une profondeur qui n'est plus illusionniste mais ouvre sur une dimension de présence extrême. Et plus le tableau est plat, refuse l'illusion, plus sa profondeur est ample.

Mais il faut aller plus loin : le tableau devient un événement pur lorsqu'il détruit la peinture au sens où Mallarmé écrivait que « la destruction était [sa]Béatrice[88] ».

Le parallèle avec le mandala est saisissant. Le mandala émane d'une syllabe germe qui vient, elle-même, de la vacuité. Rien. Puis le cadre du mandala, ses frontières et, peu à peu, tous ses éléments. Ainsi, la base du mandala est un fond sans fond !

Quand nous ne reconnaissons pas cette source sans fond du mandala, nous prenons le mandala pour une image. Nous ne le voyons pas !

Ainsi, le mandala, comme les grands tableaux de Kandinsky, de Malevitch ou de Mondrian, reconnaît la forme comme rien – ce qui conduisit très justement Alfred Roth à nommer la peinture de Mondrian, qui fut son ami et maître,

Uriel, Barnett Newman, 1955, Hambourg, Hamburger Kunsthalle.

Avec Barnett Newman, le statut du tableau change. Il ne s'agit plus de le regarder, mais il convient de se placer devant lui. D'*être* simplement devant lui. D'en faire simplement l'épreuve. L'âge de la contemplation est achevé, le tableau est désormais le support d'une transmutation possible. Avec ces œuvres très grandes, Newman conseillait même de se mettre très près du tableau. De s'y perdre. La bande verticale, que le peintre nomme *Zip*, pose celui ou celle qui lui fait face en rapport à sa propre verticalité. Tout le paradoxe est que cette ligne, ici triple, loin de séparer l'espace du tableau, l'unifie, crée une « totalité », selon le mot du peintre.

PAGE CI-CONTRE : *Mandala des syllabes*, Japon, XVIIe siècle, Paris, musée Guimet.

Les déités peuvent être représentées soit sous leur forme figurative, soit par un symbole, soit par une lettre ou une syllabe qui en est le cœur ardent, l'identité interne. En un sens, pour nous, notre syllabe germe est « je », et nous avons ainsi tendance à tout penser à partir de ce « je » qui veut, aime, désire et souffre. Dans la perspective du mandala, nous apprenons à vivre sans point de repère, dans l'ouvert primordial, et à laisser tout surgir des syllabes germes que sont les déités. Sentir, vivre à partir d'elles. Laisser le jeu du rythme des choses et du monde, des émotions et des êtres, se déployer pleinement.
Ces lettres, loin de remplir le tableau, sont, chacune, une autre modalité d'espace. Loin d'être disparates, leur accord crée une totalité qui est le « mandala ».

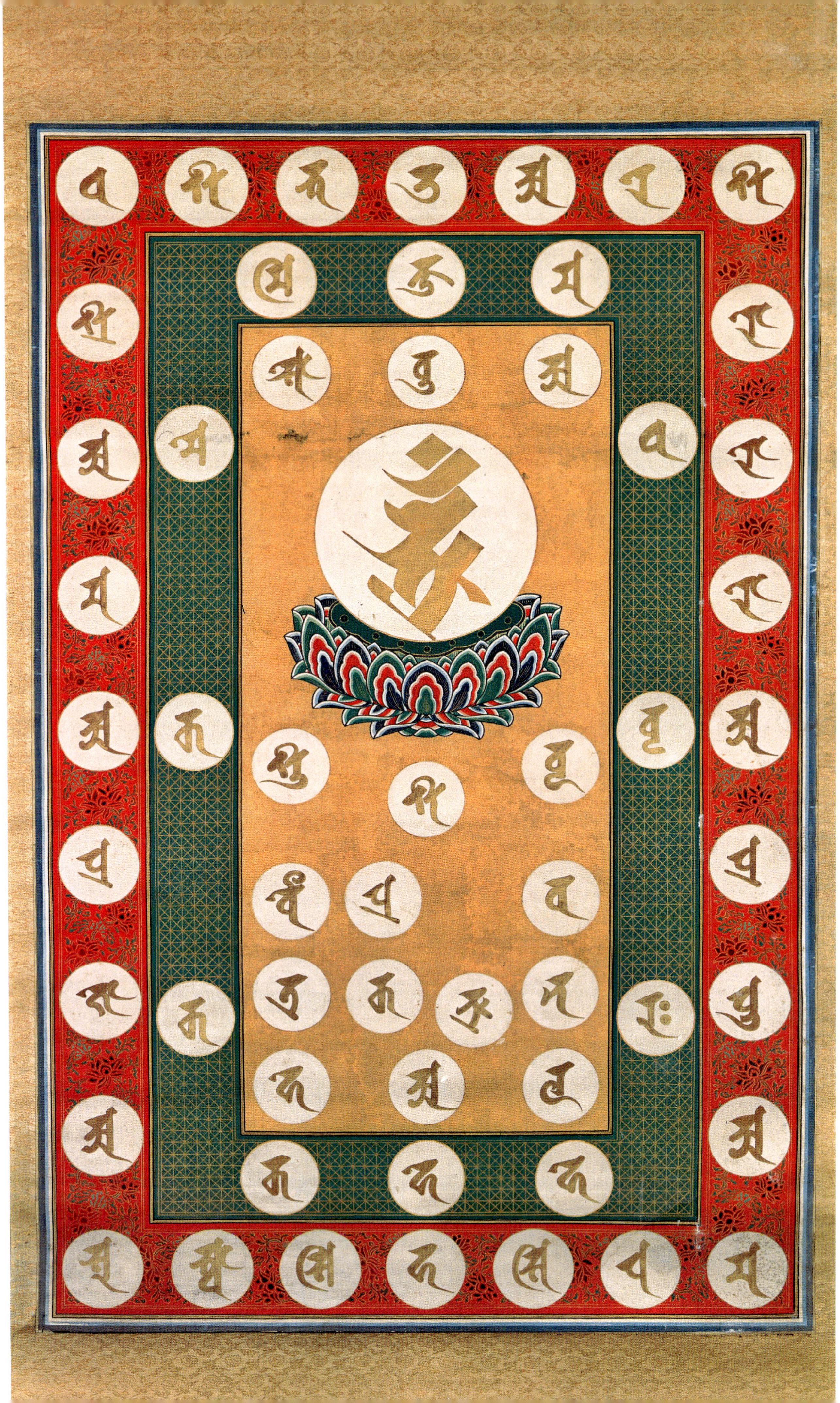

d'« art a-formal », terme sans doute plus approprié que celui d'« abstrait ». Tableaux sans images, sans formes et sans caractères.

Leur propos n'est pas de créer des formes nouvelles, mais d'ordonner des rapports : « Dans la vie, on observe bien des oppositions en tant que des formes particulières, mais on néglige de les voir en tant que "rapports"[89] », écrit de manière fulgurante Mondrian. Tel est aussi le constat de Kandinsky : le tableau est, dit-il, « une composition organique et efficace des tensions ». Ne nous y trompons pas. Le carré, ou plutôt le quadrangle noir, de Malevitch n'est pas une forme mais un être pictural absolu. Il est la nouvelle icône pour notre temps qui verra « la victoire du soleil ». Quand on regarde ce tableau – en vérité et non en reproduction –, son singulier rayonnement frappe. On ne voit pas une forme géométrique, mais une pulsation, ou, selon les termes de Malevitch, « l'excitation [qui] absorbe l'état visible du réel ». C'est, en effet, comme y insiste Malevitch, que « la forme est convention, en Réalité, la forme n'existe pas[90] ».

« La forme est le vide, le vide est la forme ; la forme n'est rien d'autre que le vide et le vide n'est rien d'autre que la forme. » C'est là l'un des points décisifs de la pensée bouddhique, exposée dans le célèbre *Sûtra du cœur*. La forme est libre de toutes nos interprétations et considérations. Elle les excède. Elle est vide. Mais le vide lui-même n'est rien et ne peut pas être conceptualisé comme vide.

Forme et vide sont donc indissociables. Le carré noir est vide, le vide est un carré noir. La forme est l'expression du rien et le vide inexprimable ne se montre pas ailleurs que dans ce que l'on désigne conventionnellement par forme.

Tout le sens de la méditation bouddhiste est de réaliser cet équilibre, de préserver l'unité de la forme et du vide.

Or telle est la raison d'être du mandala : les formes qui le constituent sont la monstration même du vide. Et le vide se montre magnifiquement par le mandala. La déité est vide. Et le vide s'éprouve aisément en se mettant en présence de la déité. En langage philosophique, la peinture moderne comme le mandala savent que la forme picturale n'est rien d'étant. Elle ne montre rien d'étant. Et telle est son irrésistible présence : elle ne montre pas quelque chose, mais la condition de visibilité même, la dimension à partir de laquelle la présence se donne. Elle interroge cette dimension, directement.

DOUBLE PAGE SUIVANTE

Mandala de Vasudhârâ, Népal, XVIe siècle, Londres, British Museum.

D'une très profonde radiation colorée, ce mandala est animé d'une pulsation intense qui en fait toute l'importance. Ce n'est pas seulement le sens symbolique des figures qui compte ici, mais la manière dont l'œuvre agit picturalement sur notre être. Sans doute, confronté aux œuvres d'art moderne, il nous est plus aisé d'en faire l'épreuve.
Le mandala ne se regarde pas comme une image, mais devant lui, nous nous laissons être transformés.

La Montagne Sainte-Victoire vue des Lauves, Cézanne, Moscou, musée Pouchkine.

Œuvre fulgurante, d'une densité extrême, elle témoigne du sens le plus haut du « monde ». Plus rien d'un assemblage de choses, d'éléments et d'êtres. Mais une intense densité de présence. Il ne s'agit pas d'une montagne particulière, mais à partir de la montagne de montrer le monde dans son rayonnement massif.

Un ordre sans hiérarchie : le centre en question

Il existe cependant des différences profondes entre un mandala et un tableau moderne. Le premier est structuré en vue du centre gardé vide et ouvert, le second est éclaté – le centre y est partout. Mais ces deux modes visent tous deux à éviter toute concentration.

Paul Cézanne peut nous aider à comprendre la singularité de l'ordre moderne. Celui que Rilke comparait à l'un de ces Prophètes de l'Ancien Testament a fait voler en éclats l'ordre connu pour ouvrir, non sans une terrible inquiétude, une ère nouvelle. Il découvre ainsi que le ciel n'a pas à être placé en haut du tableau simplement parce que nous savons qu'il en est ainsi. Il faut en faire l'épreuve. L'homme a désormais besoin d'un ordre qui se vérifie au plus vif de sa propre expérience.

Que constate-t-il alors ?

Que le ciel est désormais partout. Dans ma main. Sur l'herbe.

Fidèle à cette leçon, Cézanne ne structure plus son tableau à partir de ce que son œil voit – comme c'était encore le cas des impressionnistes – mais en fonction de la cohérence de l'expérience comme de l'équilibre interne du tableau. Le motif ne peut plus suffire à établir une unité picturale conséquente. Le seul fait de regarder la montagne ne permet pas de la voir comme *monde*, ni d'en faire un tableau.

Impossible de la dire en peinture, si l'on pense encore la toile comme une scène où sont placées des choses diverses. Je ne pourrais alors que montrer une image de la montagne mais nullement l'expérience où elle se montre.

Désormais, pour Cézanne, chaque coup de pinceau doit porter en lui l'unité tout entière du tableau. Devenir centre. Renversement immense qui se remarque à ceci que tant d'œuvres inachevées ou même d'aquarelles à peine commencées soient déjà si bonnes. Achevées dans leur inachèvement. Soyons encore plus précis : chaque fragment d'un tableau de Cézanne est déjà complet car il est en rapport à tout. Il ne lui manque rien. Cette expérience abyssale institue un espace tout à fait neuf dans l'histoire de l'Occident. Le centre est présent en chaque point.

Avec Pollock, cette position de Cézanne se radicalise encore. Le tableau devient, comme l'écrivit Clement Greenberg, un *all-over* : « Tous les éléments et toutes les

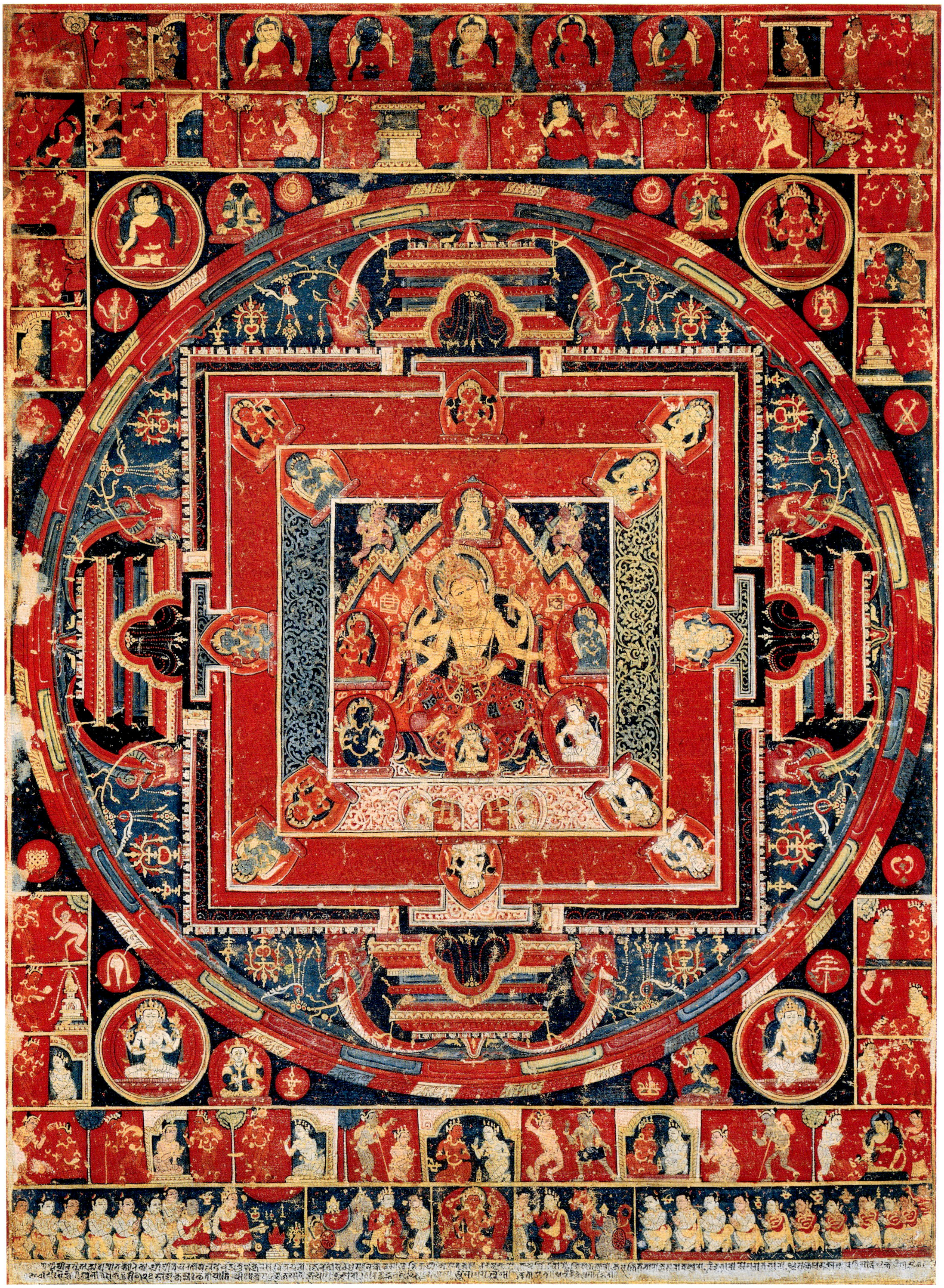

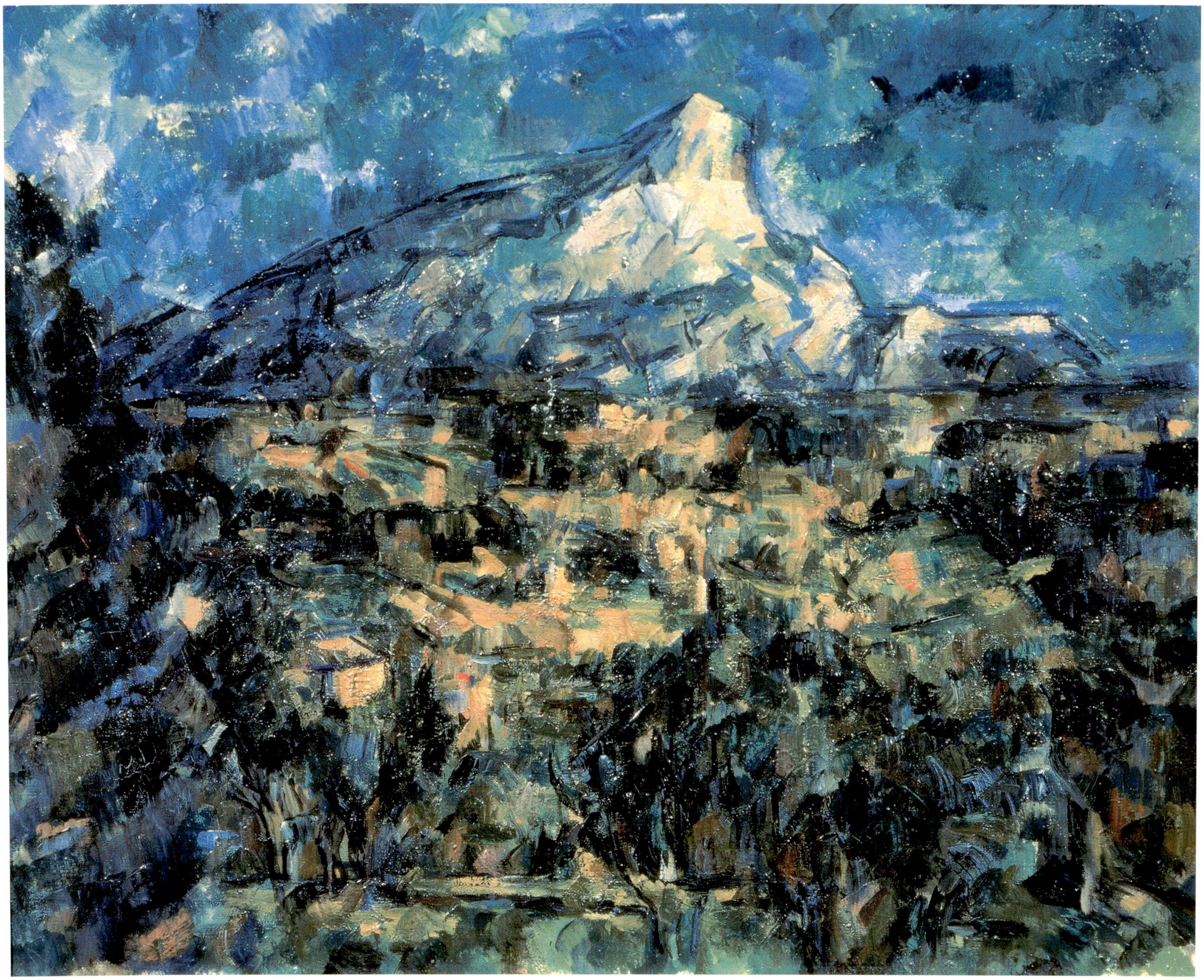

zones de son tableau [sont] équivalents en termes d'accentuation et d'importance. Comme le compositeur de musique dodécaphonique, le peintre *all-over* tisse son œuvre d'art en mailles serrées dont chaque point récapitule le monde d'unité[91]. » La ligne de Pollock se démultiplie dans un rythme continu qui ne contient plus de début et de fin, de haut et de bas, de loin et de près.

Désormais le centre est partout. Ou, ce qui revient au même, il n'est nulle part. Comme l'explique Mondrian à Van Doesburg : « Souviens-toi que le centre ne doit pas être déplacé, mais éliminé… Quand tu te bornes à placer le centre hors de la toile, celle-ci est toujours une toile ; alors ta toile devient seulement un morceau d'une toile plus grande, n'est-ce pas[92] ? » Remarque hautement spéculative car telle est la seule sauvegarde du centre réel.

La différence entre un tableau moderne et un mandala est visible à l'œil nu. Pourtant, à y regarder d'un peu plus près, elle est moins radicale qu'il n'y paraît.

Ce qui disparaît dans le tableau moderne est ce point géométrique unitaire, cet axe fixe. Mais il ne nie nullement ce centre de l'être qui se trouve en soi. Il le révèle même. Pour lui, la disparition du premier rend le second possible.

Pour sa part, le centre du mandala n'est pas d'abord spatial au sens de la surface étendue, mais est le cœur rayonnant du monde[93]. Comme le souligne Chögyam Trungpa, le centre n'est pas physique mais le fait « d'être ici même[94] ».

Regardons attentivement. Un mandala n'est pas aussi centré qu'il le semble car un jeu de tensions intenses établit une unité dynamique. Non seulement nous éprouvons un dynamisme irradiant, mais le centre que nous voyons est vide et non, comme en Occident, le garant de toute réalité.

Pour étudier plus avant la distinction entre art moderne et art traditionnel, il faut présenter une troisième figure – celle de l'art classique occidental qui est tout aussi éloigné de l'ordre du mandala que de la loyauté moderne. C'est cet ordre classique et non la tradition que tente de surmonter la modernité, et au premier chef Cézanne qui lui ouvre la voie.

Dans un tableau de l'âge classique, le centre du tableau est marqué par le point de fuite qui structure toute la surface, à l'image du Roi, représentant de Dieu sur terre, qui ordonne la société comme Dieu ordonne le monde (un Dieu certes logique ou même théo-logique et non pure et insaisissable présence d'une personne). Le centre du tableau non seulement structure la toile mais en valide l'existence de manière logique et méthodique.

Le tableau moderne fait l'épreuve de l'effondrement de cette conception du centre, en dénonce la limite, mais il n'abandonne nullement le cœur de notre propre être. Il cherche même à en retrouver l'accès. Il ouvre ainsi une autre voie qui, en un sens, est bien plus proche qu'il n'y paraît des grands mandalas.

L'art moderne récuse l'illusion classique, pour retrouver la vérité de la tradition.

… et pourtant il existe une structure, un ordre

La fin d'un monde stable, l'effacement des courroies connues de transmission, n'implique nullement l'absence de toute loyauté ou de règles. Tout au contraire. Et l'une des difficultés de notre temps est de ne pas savoir penser cette loyauté proprement moderne. Or cette loyauté, nous la voyons pourtant : un tableau de Cézanne ou de Mondrian n'est pas moins structuré qu'une œuvre de la Renaissance. Il l'est tout autrement !

Mais quelle est cette loyauté, qui ne repose pas sur des lois déjà connues et établies ?

Elle repose sur l'authenticité de l'artiste moderne – qui est une quête de la vérité. Mondrian ne cherche nullement « sa » vérité, ni « la » vérité, mais un rapport réel à la vérité telle qu'elle se montre à lui.

Nous sommes troublés car, pour nous, est vrai ce qui est démontré scientifiquement, une fois pour toutes. Mais ce que nous désignons ainsi comme vérité n'a de sens et d'importance que dans un ordre de réalité donné et limité. Pour tout ce qui concerne notre existence, cette vérité ne s'applique pas. La vérité de l'amour ou la manière dont je dois élever mes enfants n'a rien de commun avec la vérité d'une loi physique. Confondre les deux plans est une catastrophe. Il est irrationnel de nier les lois physiques, biologiques ou mathématiques. Mais vivre notre existence à l'aune d'elles n'est pas raisonnable.

Que cette vérité – celle de l'amour par exemple – me soit propre, me concerne en ce que je suis, ne soit pas nécessairement imposable à d'autres, n'implique nullement qu'elle ne soit pas vraie ni non plus qu'elle soit subjective.

L'art est en rapport, de manière éminente, avec cette vérité qui concerne notre existence. Il est même le seul à la dire de manière aussi sûre. Il est donc aussi vrai qu'un théorème mathématique, même si c'est dans un autre ordre.

Tout mandala révèle cette vérité de l'existence, et cherche même à en être une description détaillée, à en révéler la structure profonde.

Mais, à la différence de l'art moderne, cette vérité a été établie au cours des siècles et a trouvé une sorte de perfection canonique qu'il s'agit désormais, pour le peintre, de connaître et de restituer. En ce sens, le mandala montre la vérité de l'expérience en s'appuyant sur des règles qui préexistent à l'épreuve qu'il est possible d'en faire. Elles peuvent ainsi le conduire justement.

Le tableau moderne est, lui, tout entier du côté de la vérité de l'existence. Il ne s'appuie que sur elle. La structure qu'il établit est strictement existentielle – et repose sur notre vision, sur notre être et sur notre rapport au monde et l'écoute de la vérité de l'être qu'il interroge chaque fois à neuf.

L'épreuve de la liberté – surmonter le moi

Cézanne ne s'appuie plus sur des règles déjà existantes. Mais il ne cherche pas, à l'inverse, à s'abandonner au caractère aléatoire des phénomènes et des impressions que l'on peut éprouver. Voilà la loyauté moderne ! Cézanne cherche à atteindre une liberté réelle, qui en passe par un effacement du moi et de ses conditionnements pour être en rapport neuf à la réalité, pour la libérer des couches de conventions et de concepts qui nous empêchent de la voir et d'y vivre. Aussi, pour Cézanne, l'artiste, « s'il ose, lui, chétif, se mêler volontairement à ce qu'il doit traduire, il y infiltre sa petitesse. L'œuvre est inférieure[95] ».

DOUBLE PAGE SUIVANTE

Suprématisme n° 50, Kazimir Malevitch, 1915, Amsterdam, Stedelijk Museum.

Les rectangles rouges ou noirs, fins ou plus épais, les triangles noirs et autres figures nous plongent dans une autre dimension qui n'est plus régie par la pesanteur ou les repères habituels. Comme toute peinture qui vise à l'épreuve de notre être, nous sommes plongés dans un espace qui n'a plus rien d'illusionniste. Le monde « sans objet » de Malevitch rompt avec nos points d'appui : « J'ai délié les nœuds de la sagesse et libéré la conscience des couleurs. Dépouillez-vous vite de la peau abîmée des siècles. »

Mandala de Cakrasamvara à douze bras, Tibet, XVIIIe siècle, Boston, Museum of Fine Arts.

Dans un mandala comme dans les grands tableaux abstraits modernes nous retrouvons la même confiance qui se manifeste par un déploiement de formes et de couleurs dont le rayonnement est incontestable. Il y a bien là un dépassement d'une approche plus pessimiste de la pensée bouddhique courante nous invitant au renoncement, à l'abnégation et à une forme d'endurance. Selon la vision du mandala, qui signe la dimension ésotérique du bouddhisme, nous n'avons pas à devenir Bouddha, nous le sommes. Cakrasamvara, ici, n'est pas une déité, mais notre propre visage, la radiation fulgurante d'une confiance sans limites.

Cette aspiration moderne à la liberté donne lieu à bien des équivoques et des contresens. Nous retrouvons ici le double visage de Janus.

D'un côté, l'homme tend à se comprendre comme sujet autonome, « libre d'une liberté arbitraire n'ayant comme limite qu'un arbitraire plus puissant[96] » – ou, suivant Hegel, « liberté de remplir la liberté chacun à son gré et suivant son opinion[97] ». Et en effet, nos revendications à nous émanciper de toutes formes possibles d'oppressions débouchent étrangement, aujourd'hui, sur le règne d'une « culture de *masse* » dont l'uniformisation semble être la seule finalité. Nous pensons, nous nous habillons, nous avons des références de plus en plus identiques d'un bout à l'autre de la Terre, prisonniers de nos velléités passagères et à la merci des manipulations les plus éhontées.

La modernité nous invite à repenser la liberté, non comme la volonté d'un sujet à s'autodéterminer. Pour le dire de manière plus philosophique, la liberté n'est pas, pour elle, l'attribut de la volonté ou de l'arbitre. Elle se gagne au prix d'une intense ascèse. La liberté véritable n'est pas la proclamation d'un moi devenu la mesure de tout, mais au contraire l'effacement du moi pour que la vérité même se donne. Et le « rythme libre de la vie » ne se déploie qu'à mesure où cet effacement me rend plus proprement tel que je suis.

Il faut donc comprendre qu'un tableau de Mondrian ou de Malevitch n'est en rien une proclamation de leur « moi », une invention de leur génie, une proclamation de la liberté de leur subjectivité, mais tout au contraire, une donation originaire. Leur liberté est d'avoir pu laisser place à cet originaire, de s'être effacés pour lui laisser place.

Pensons à nouveau à leur parcours, à l'extrême discipline à laquelle chacun d'eux s'est astreint. Nous voyons mieux alors que leur œuvre n'est pas l'expression facile de leur subjectivité, mais un effort soutenu pour que se donne l'infini. C. G. Jung l'explique : « Ce qui est essentiel dans une œuvre d'art, c'est qu'elle doit pouvoir s'élever bien au-dessus du domaine de la vie personnelle et parler depuis l'esprit et le cœur du poète, en tant qu'homme, à l'esprit et au cœur de l'humanité. L'aspect personnel est une limitation, et même un péché, dans le domaine de l'art. »

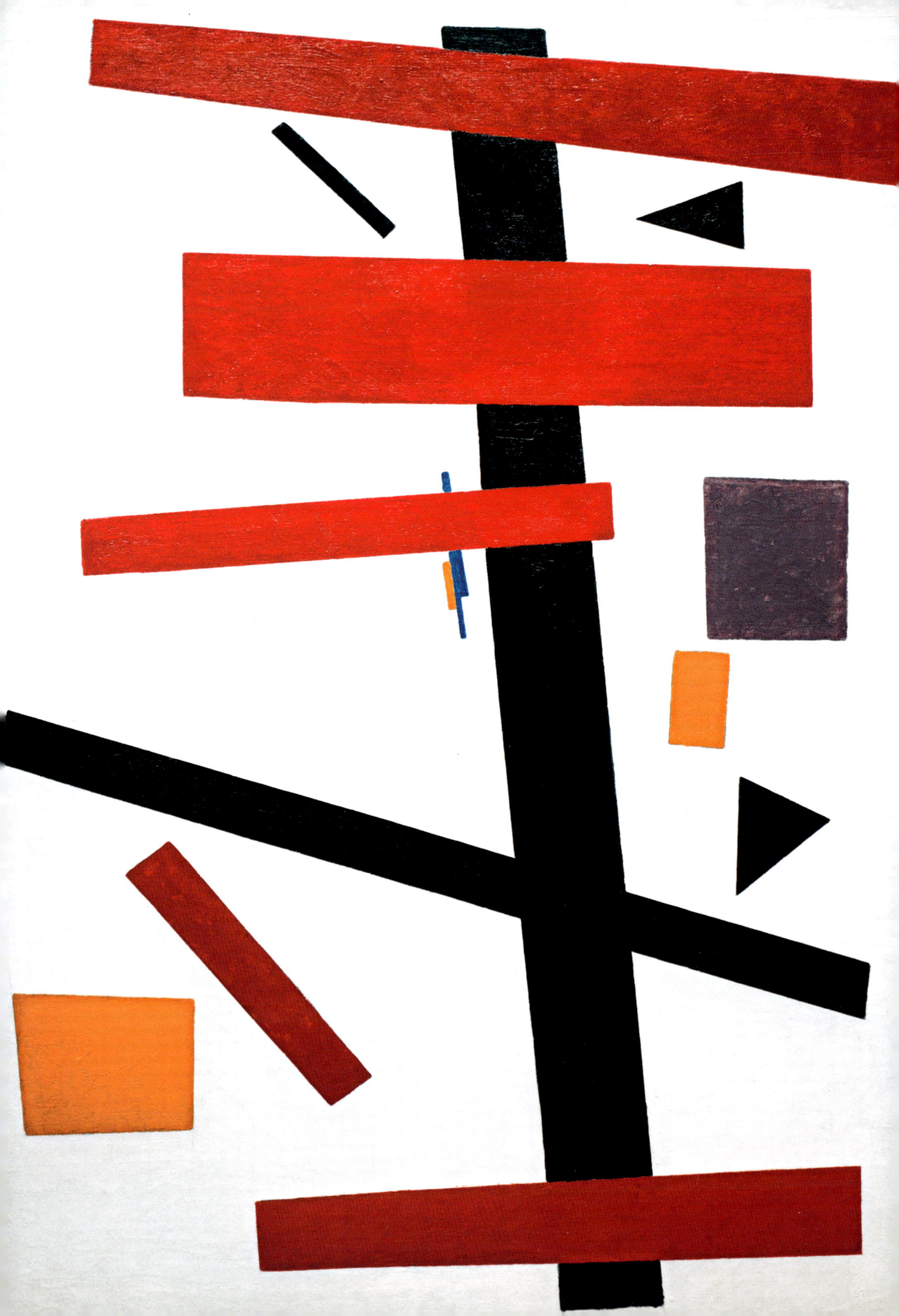

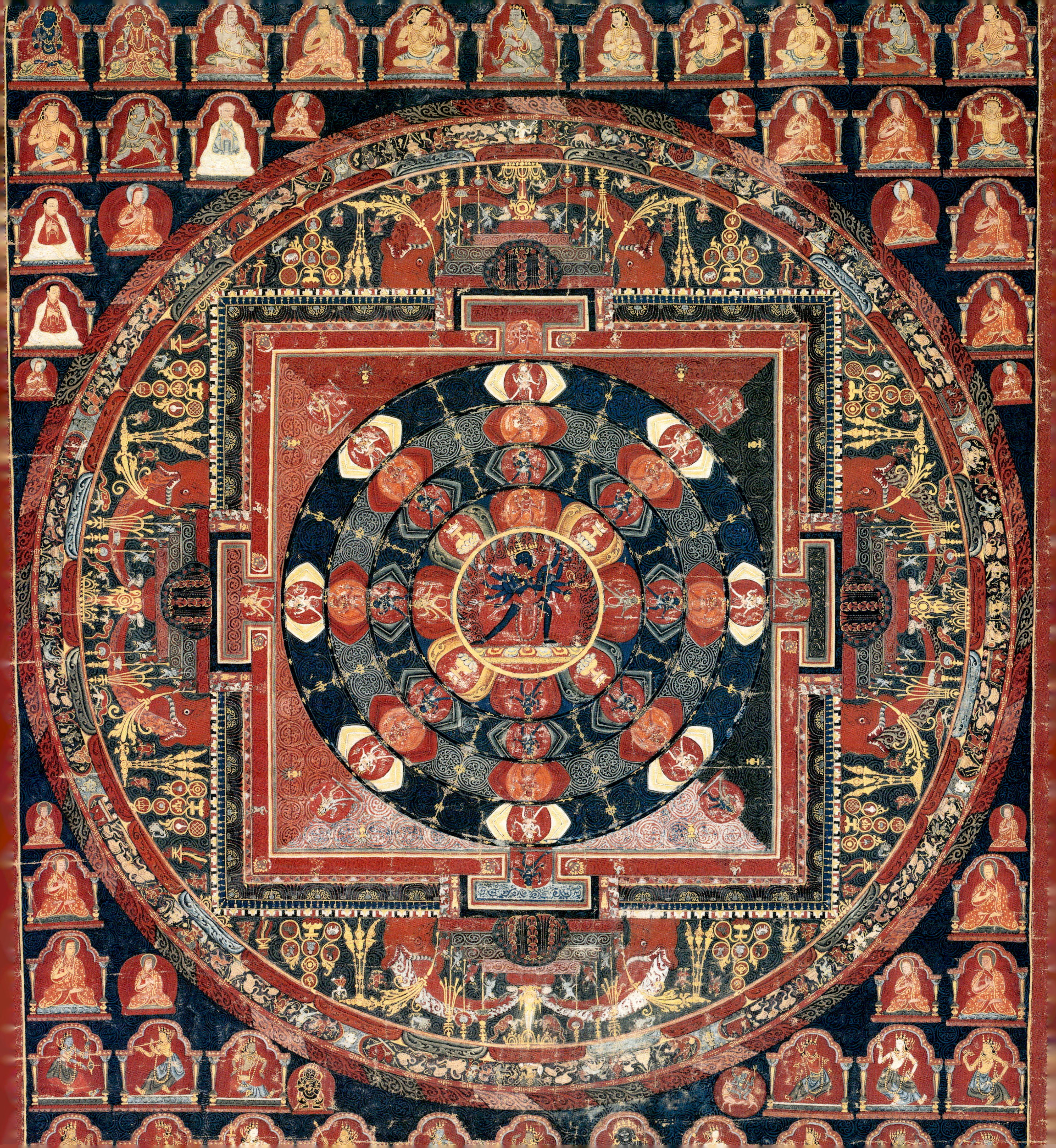

Un tableau de Malevitch est tout aussi universel qu'un mandala. Mais la manière dont il y arrive est tout autre et repose sur une très singulière et poignante traversée – car, lui, c'est sans le moindre repère qu'il a dû s'orienter et atteindre l'espace du « Rien libéré[98] ».

Notre époque peine à entendre cet appel à la liberté. Pour elle, soit la vérité se donne collectivement – comme le confirme le triomphe des partis politiques, des sondages et des phénomènes de masse –, soit elle dépend d'un individualisme aussi cynique que cruel. Ni l'une ni l'autre de ces modalités ne sont à la hauteur de notre existence comme de ce qui nous requiert historiquement – que les grands artistes modernes ont su incarner.

La plus percutante formulation du paradoxe propre à la liberté, qu'il nous faut réussir à reconnaître, me semble avoir été écrite par le poète E. E. Cummings : « Chaque être humain est en lui-même et de lui-même sans limites ; mais l'essence de cette illimitation est précisément son caractère unique[100]. » La singularité de ma liberté, loin de m'enfermer sur moi-même, est ouverture la plus extrême à ce qui est, une loyauté sûre. Une responsabilité extrême devant les autres. Plus je suis proprement ce que je suis, moins je suis moi-même (préoccupé de moi) et plus le cosmos rayonne de mon « œuvrement ».

LE CHAOS ORDONNÉ

Ne pas rejeter les ombres

Pour expliciter le sens du mandala, Chögyam Trungpa le décrit comme un « chaos ordonné » : « Les choses existent en interdépendance, et cette existence interdépendante des choses se produit sous la forme d'un chaos ordonné[101]. »

Notre réaction devant le chaos est de chercher à le repousser – là où le principe du mandala nous invite à en faire l'épreuve et à l'inclure dans l'ensemble de la situation qu'il établit.

DOUBLE PAGE SUIVANTE

Mandala de Vajrasattva, Tibet, XVIIIe siècle, collection privée.

Vajrasattva est la présence de la paix de l'esprit et de la pureté primordiale. Il est le « seigneur de tous les mandalas ». En lui toutes les déités se combinent et se concentrent, comme la couleur blanche qui le symbolise contient en elle les cinq autres couleurs. Son mantra spécifique, long de cent syllabes, est utilisé dans toutes les écoles du bouddhisme tibétain afin de purifier l'esprit. La géométrisation de ce mandala est complexe : la partition du centre semble désaccordée avec le carré puis le cercle excentriques – et pourtant tout tient sans conflit.

Composition avec jaune, bleu et rouge, 1937-1942, Piet Mondrian, Londres, Tate Gallery.

Cette œuvre de la fin de la vie de Mondrian a été commencée lors de son séjour à Londres où le peintre s'est réfugié avant de se rendre à New York, au moment où la guerre devenait imminente. Son travail d'alors complexifie la structure. Les surfaces de couleurs deviennent parfois des lignes qui viennent déstabiliser la cohérence sans jamais la rompre, mais en la rendant vivante.

On ne comprend pas le mandala si on le perçoit comme un simple palais merveilleux. Rien ne serait plus erroné que de croire que le pratiquant du tantra réussit, grâce à des pratiques magiques, à demeurer dans un état de félicité merveilleux et coloré. Il n'en est rien. Le mandala est une manière de se relier à la confusion comme le sol même de notre existence. La spiritualité authentique n'est pas une fuite dans un autre monde – ce que perçurent non sans effroi Mondrian, comprenant l'importance de prendre en compte pleinement l'horizontalité et non la seule verticalité, ou Malevitch insistant sur le fait qu'il n'y a qu'un *seul* monde.

À la périphérie des mandalas, on trouve un ensemble de charniers – de cimetières en plein air où l'on jetait les cadavres et où les bêtes féroces demeuraient. C'est une image du caractère abrupt de l'existence. Toute vie est marquée par la violence, la peur, et le caractère insaisissable de la réalité qui ne se laisse pas manipuler. Le pratiquant du tantra apprend ainsi à entrer en rapport avec ce pouvoir des éléments primordiaux, c'est-à-dire avec les forces vives de la réalité. Telle est la puissance que chacun pressent en regardant un mandala – la folie n'y est pas niée mais intégrée et reconnue. Le jeu des lignes infinies noires et blanches de Pollock est un autre témoignage de cette unité première. Le mandala n'est pas un ordre qui s'impose sur le chaos, le tient à distance, mais un ordre à même le chaos, qui l'ordonne.

Le chaos c'est d'abord le fait que notre existence soit un charnier. Nous ne pouvons éviter la confusion, la souffrance, l'irritation, la jalousie et la détresse. La mort est sans cesse présente. Non comme la fin de l'existence qui se déroule à un moment donné, mais comme l'expérience que nous faisons à chaque moment. Tout ce que nous faisons est d'une manière plus ou moins explicite marqué de ce sceau. La mort est la première certitude, et non, comme le pensait Descartes, le fait que « je pense donc je suis ». Elle imprègne toutes nos actions. Pourquoi ferais-je tant d'efforts pour apprendre, si je me savais im-mortel ? De là, vient le mouvement incessant de la vie, qui sans cesse se renouvelle et nous pousse en avant, nous invite à aller plus loin. Le sens du mandala est de nous apprendre à reconnaître ce fait et à vivre de cette reconnaissance – non à le fuir.

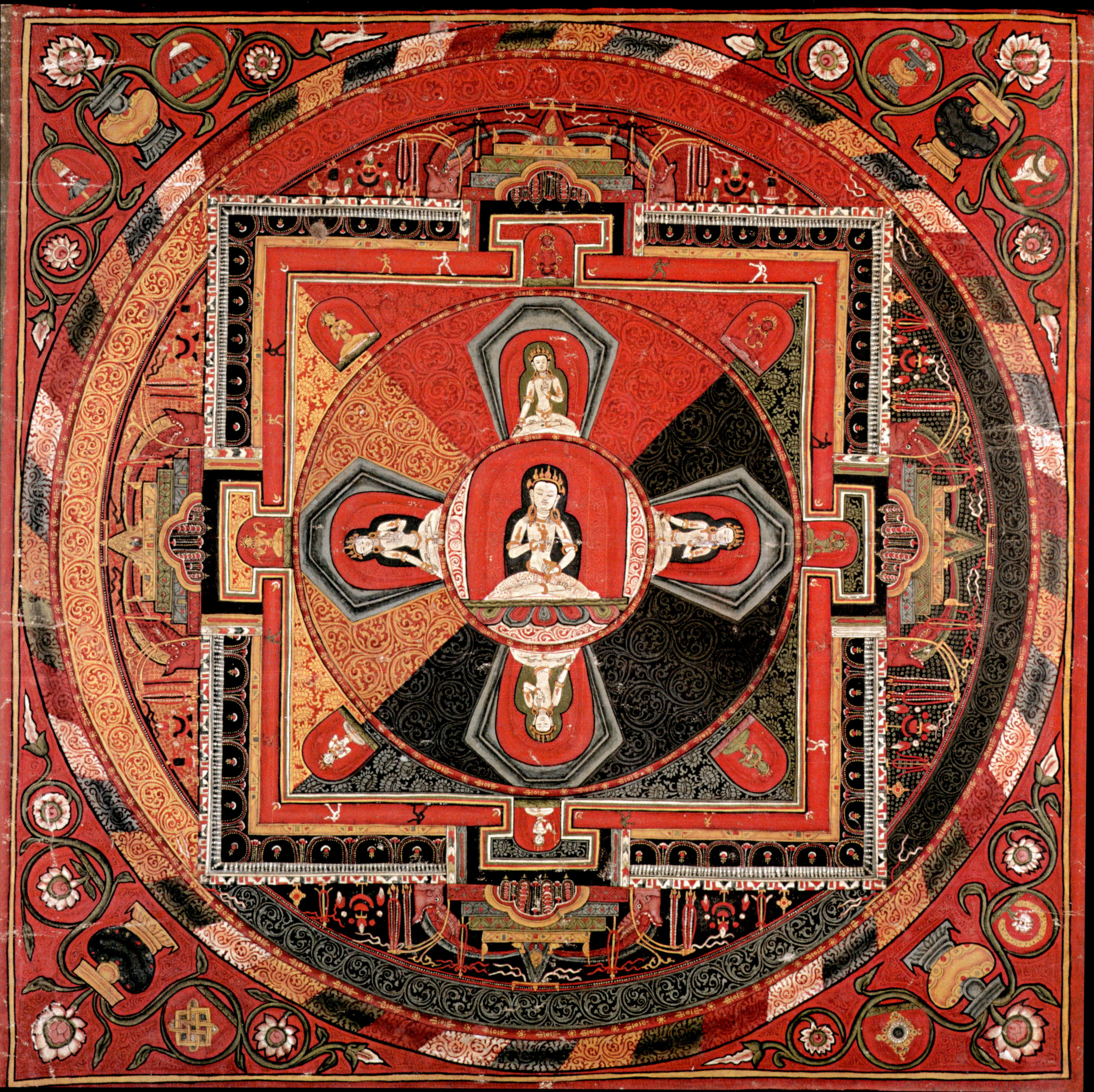

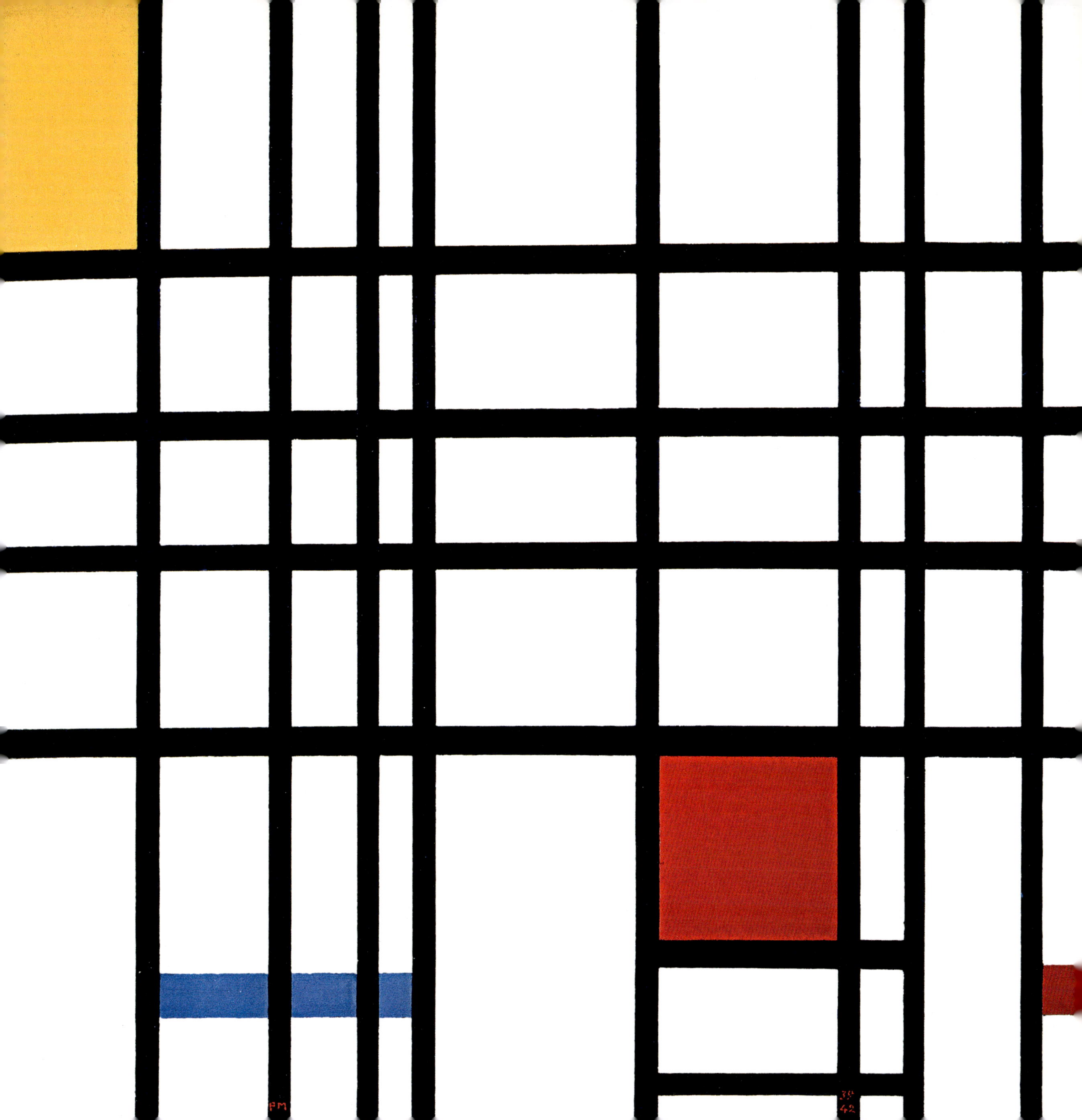
PM
39
42

Le génie de Mondrian est de l'avoir éprouvé. L'unité qu'il cherche vient d'une tension soutenue et équilibrée et non d'une stabilité fixe – elle est un aspect de « chaos ordonné ».

La modernité cherche à retrouver un rapport à l'universel en un temps de décomposition et de morcellement. Le terme universel, pensé en Occident pour la première fois par Aristote, est la dimension même de l'uni-vers, c'est-à-dire tourné vers l'unité[102]. Mais cette notion a été peu à peu comprise dans la direction de la totalité, d'une somme qui ne dit rien de l'unité réelle. Plus grave encore, cet effort vers la totalité a donné naissance à des formes d'autocratie et de totalitarisme ou, à l'inverse, de désordres et de fragmentations. L'importance du mandala, pour notre temps, est qu'il nous montre le monde reconnu dans son *unité*, et non sa description factuelle et naturaliste. En ce sens, un tableau de Mondrian est une forme de mandala. Car Mondrian est tout entier tendu vers cette quête qu'il comprend comme un équilibre entre la verticale et l'horizontale – dans une perspective tout autant plastique que mystique. Mondrian s'appuyait ici sur ce qu'il avait appris auprès de Mme Blavatsky, la fondatrice de la Société théosophique à laquelle il adhéra en 1909, puis de sa rencontre avec le pasteur mystique M.H.J. Schoenmaekers, auteur de *La Nouvelle Image du monde*. Mme Blavatsky écrivait que « la ligne spirituelle est verticale, la ligne matérielle différenciée est horizontale ; les deux forment la croix ». Mondrian rejoint aussi l'intuition de Cézanne qui avait déjà montré le rôle de la verticale et de l'horizontale pour construire le tableau comme en témoigne sa lettre à Émile Bernard où il souligne que « les lignes parallèles à l'horizon » et les « lignes verticales » engendrent l'espace.

Notre tendance au niveau aussi bien personnel que social est de chercher un état de paix opposé à la guerre, une sorte de monde idyllique. Or, comme je l'ai souligné, le mandala est l'antipode de Disneyland. Il ne nie pas la souffrance et la mort et son harmonie les traverse – il établit une harmonie qui ne soit pas une fuite, une négation de l'effroi et du désert, de la soif et de la détresse, mais qui sache les inclure, les mettre à leur place. L'importance spirituelle du travail de Mondrian est d'être traversé par cette question, que la plupart des hommes cherchent, pour leur part, à éviter.

DOUBLE PAGE SUIVANTE

Mandala de Kalachakra, Tibet, XVIe siècle, Paris, musée Guimet.

Ce mandala est particulièrement connu pour être l'un des rares, si ce n'est le seul, qui soient très largement transmis publiquement. C'est ce mandala qu'a choisi de transmettre à de très nombreuses reprises le dalaï-lama. D'une extrême complexité, il est considéré comme une manière exemplaire de faire venir la paix dans le monde. Toute œuvre d'art qui regagne son sens le plus profond, qui réaccorde le monde à son propre secret, n'institue-t-elle pas, elle aussi, sur-le-champ, le règne de la paix ?

New York City, 1942, Piet Mondrian, Paris, musée national d'Art moderne, centre Georges-Pompidou.

L'espace est délimité, ordonné et pourtant, sans aucune rigidité, tout entièrement animé. Au fond, la vérité de tout ordre consiste non à nier le chaos mais à le révéler. Tout mandala est d'abord un « chaos ordonné » – car tout l'enjeu de l'existence humaine est de trouver un chemin dans le chaos, non de chercher à l'ignorer ou à le dominer. Quand réussirons-nous à comprendre qu'un artiste comme Mondrian, loin de faire de plaisantes œuvres d'art, nous montre de la manière la plus aiguë comment vivre ? Ce tableau est l'une des plus pénétrantes leçons éthiques de notre temps.

Au dos du tableau que son ami, l'architecte Alfred Roth, lui acheta, Mondrian écrivit : « Compter seulement avec les rapports en les créant et en cherchant leur équilibre en art et dans la vie, c'est le beau travail d'aujourd'hui[103]. » Toute la pensée picturale de Mondrian repose donc sur le souci d'éviter, d'une part, l'unité totalitaire et figée, mais aussi, d'autre part, le chaos de la désintégration où la particularité de chaque chose rend toute harmonie impossible.

On se trompe en décrivant les tableaux de Mondrian comme des exemples d'équilibre. En réalité, nous n'y voyons que tensions, asymétries extrêmes, ruptures qui reposent sur ce conflit entre l'horizon et la verticale, le masculin et féminin, le jour et la nuit. Comme l'écrit Mondrian, d'une manière si profondément tantrique : « Tout le monde connaît ces deux oppositions principales de la vie : le bien et le mal. Tout le monde souffre ou est heureux par l'un ou par l'autre. Mais tout le monde ne se rend pas compte de la vraie valeur de ces oppositions, et, en général, on n'en voit même pas la nécessité ; on exige le bien en évitant, si possible, le mal. Par intuition, l'homme veut le bien : l'unité, l'équilibre – surtout pour lui-même. C'est ainsi qu'il retombe dans la recherche d'un bien-être faux et d'un équilibre statique, qui, forcément, s'oppose à l'équilibre dynamique de la vie. Il se contente d'une fausse unité[104]. » Ses tableaux nous montrent une véritable unité.

L'évolution de Mondrian pour obtenir un tel état de chaos ordonné est impressionnante. Sa vie était tout entière consacrée à son travail, presque monacale : « Sa priorité était l'œuvre et c'est à elle qu'il était marié, écrit son ami Michel Seuphor. En justes noces, définitives et radicales. C'était le tableau à peindre, pas le tableau achevé, celui d'hier. Le tableau d'aujourd'hui, c'était là son mariage. Rien d'autre ne comptait que l'œuvre à faire. Il disait : "Tu ne peux pas savoir comme c'est difficile[105]." » Lorsqu'il le rencontre, Michel Seuphor est frappé par la radicalité de son engagement : « Ce qu'il fait est extraordinaire. Personne d'autre ne fait ça. C'est un au-delà de l'art. [...] Je me suis trouvé devant un homme sans aucune vanité, aucun orgueil, qui ne se mettait pas à pérorer comme le faisaient à peu près tous les autres, en particulier Robert Delaunay. Je découvrais brusquement qu'il y avait un clivage

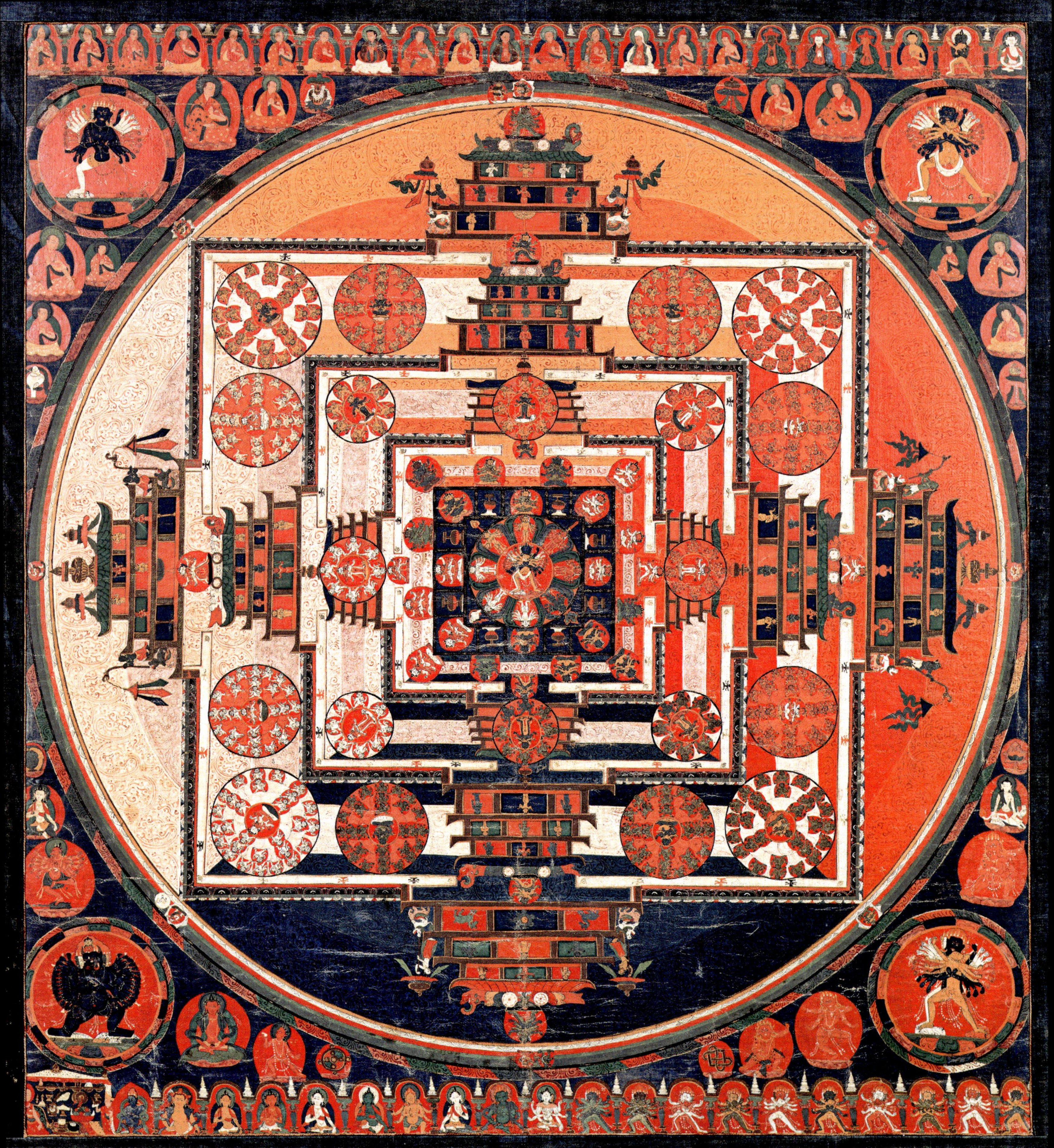

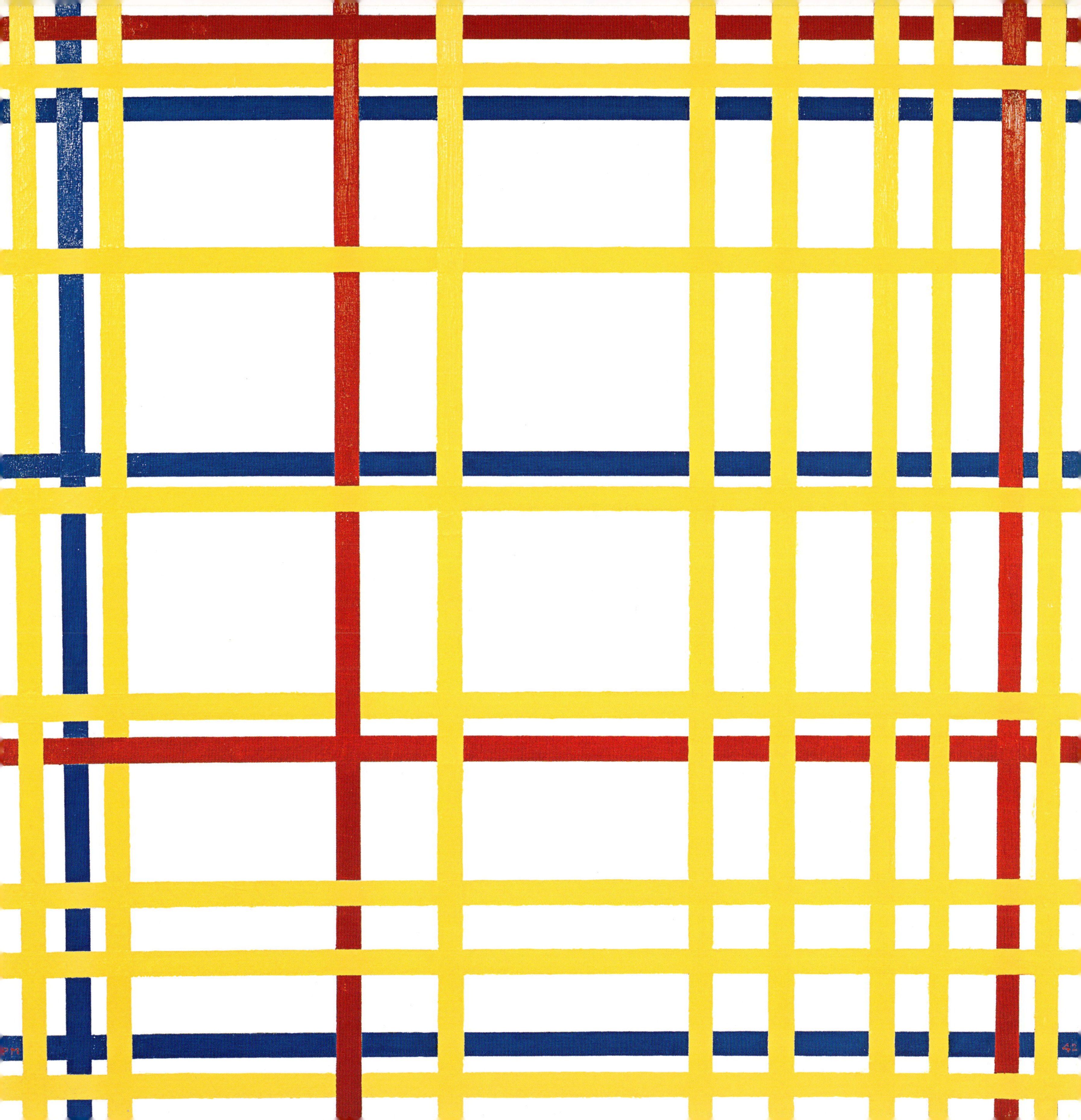
PM
42

Victory Boogie Woogie (inachevé), 1944, Piet Mondrian, La Haye, Gemeentemuseum. © 2010 Mondrian/Holtzman Trust c/o HCR International Virginia.

Que Mondrian ait vu des mandalas et y ait trouvé ou non une source d'inspiration, comme le pense Pierre Schneider, ils nous donnent de toute façon une clef pour comprendre l'œuvre finale du peintre. Dans un mandala comme dans *Victory Boogie Woogie*, l'individualité des signes et des figures disparaît devant le sens d'une unité intense, vivante et radicale. Le rouge, le bleu, le jaune, le blanc et le noir chantent de concert, chacun sa note à nulle autre pareille et pourtant une même symphonie.

entre le monde des arts pris dans son ensemble et Mondrian. Il était en dehors, je l'ai senti très nettement. » Nous ne comprenons pas la force de ses tableaux, en les replaçant dans le cadre de l'histoire de l'art. Tout artiste réel, tout artiste de pointe, en sort. La dépasse. Le monde de l'art avec ses clans, ses écoles, ses expositions, ses musées, n'est pas en rapport réel à la vérité de l'art. Mondrian vivait grâce à de très rares collectionneurs, sans presque jamais exposer son travail qui, de toute façon, ne suscitait qu'indifférence. Mais tout cela n'a aucune importance. Seule compte la percée d'une œuvre à même de dire « la vérité – la vraie beauté[107] ».

Mondrian a longtemps peint, de façon récurrente, arbres, églises ou phares sur fond de ciel ou de mer, cherchant ainsi à s'abstraire du motif et à toucher cette présence qu'il recherchait. Peu à peu, il débouche, à partir de 1917, sur une sorte de grille qui lui permet de traiter par une division sans accent particulier, la surface du tableau – en abandonnant toute image. Il renonce au vert, couleur emblématique de la nature, comme à toute oblique ou courbe qui donne l'illusion de profondeur en construisant des lointains fictifs et qui enferment l'image dans « l'enceinte d'un simulacre mesurable[108] » qu'il veut précisément quitter. Mais la grille pose un problème : elle conduit à une sorte d'uniformisation.

En 1921, il fait un saut important, et son travail est marqué par un jeu de lignes qui traversent le plan pictural de part en part. Au lieu de voir des rectangles de couleur juxtaposés, nous voyons des lignes. Toute figure est éliminée.

Il peut désormais faire résonner les tensions entre les espaces, plus ou moins grands, du tableau.

Cette tension se manifeste aussi par les couleurs dont, comme il le souligne, certaines sont plus réelles – tel, dans ses tableaux, le rouge – et d'autres plus spirituelles – tels le jaune et le bleu. Ce jeu conduit à des tensions multiples, car couleurs et lignes appartiennent à deux systèmes indépendants.

En 1932, ses tableaux sont marqués par le dédoublement de la ligne, ou encore par son élargissement qui en atténue le tranchant. À partir de 1936, en introduisant une troisième ligne, puis d'autres encore, il débouche sur une complexité singulière animée d'un rythme plus dense.

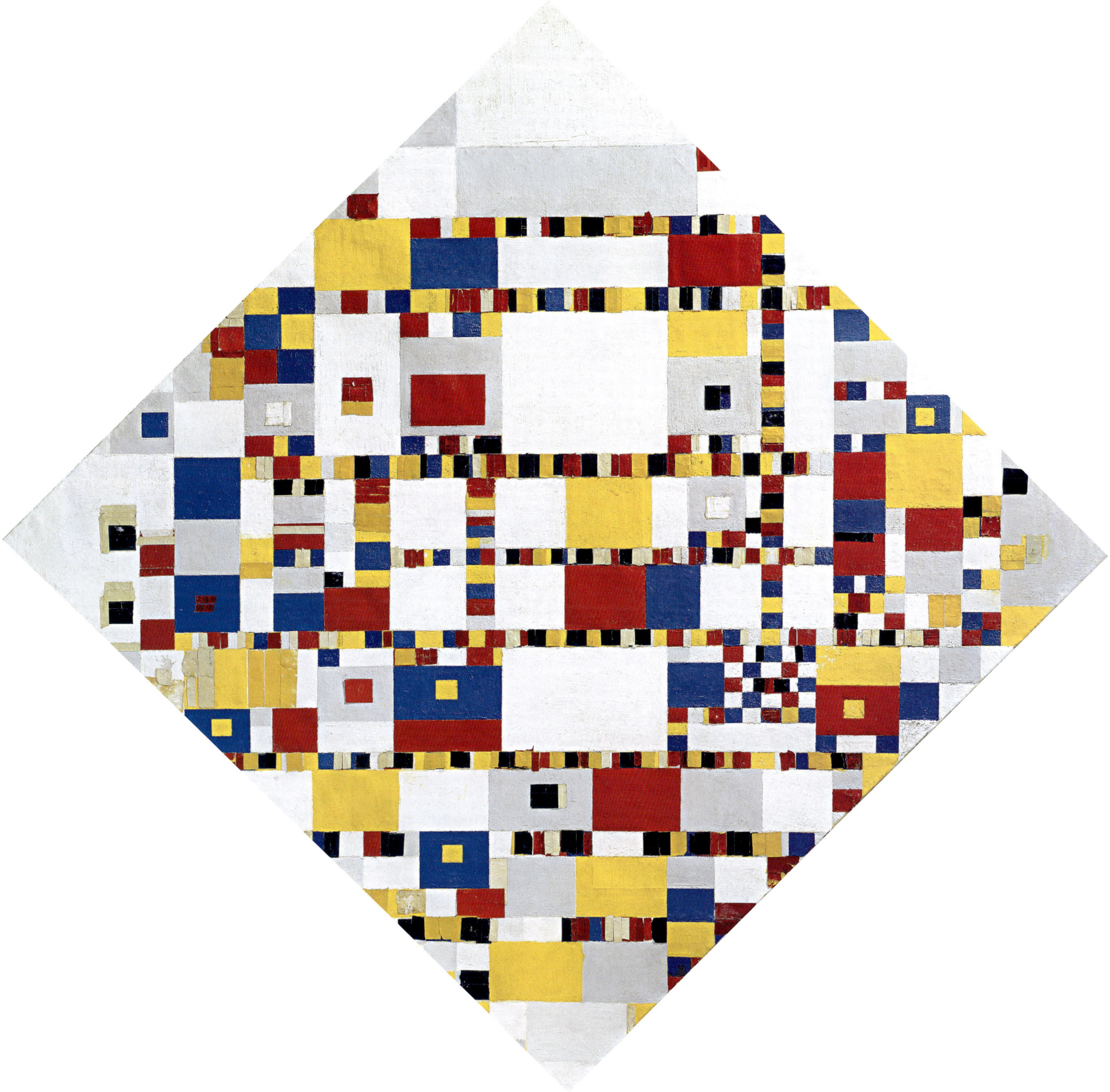

Puis les lignes deviennent couleurs, à l'époque même où Matisse réalise ses papiers découpés, faisant exploser l'opposition entre ligne et couleur qui structurait jusqu'alors la peinture occidentale.

Les toutes dernières œuvres de Mondrian, comme *Broadway Boogie-Woogie*, donnent naissance à un rythme musical de pulsations lumineuses et colorées – tressage qui remplace la superposition simple de l'enjambement de lignes nettes des œuvres précédentes. Pierre Schneider rapproche ces œuvres du mandala: «La parenté des *Boogie-Woogie* et d'une famille de thangkas représentant des mandalas est assez saisissante pour qu'on soit en droit de se demander si le Mondrian ultime n'a pas été influencé par eux[109].» Et sa découverte de la présence de très beaux mandalas non seulement au Museum of National History mais chez une de ses proches confirme la très forte probabilité de cette influence. Ce qui frappe Pierre Schneider est que le mandala qui repose sur une géométrie simple et tracée avec précision, loin d'exprimer un ordre cosmique stable, suscite un étonnant vertige: «Qu'il s'agisse de dieux ou de monstres, chacun reconnaissable, ou de rectangles, de pagodes, de hampes enrubannées ou de cercles, la multiplication annule toutes les figures.» Les couleurs, loin d'être mises en forme par un dessin d'une netteté extrême, dissolvent au contraire ces tracés, donnant un sentiment d'un chatoiement chromatique illimité. Et cela tout aussi bien dans les dernières œuvres de Mondrian que dans les mandalas qui montrent «une tension» (entre la géométrie, où sont élaborés, autour d'un point central, carrés, cercles et triangles disposés de manière symétrique, et des couleurs qui se jouent de cette symétrie si bien que «le rouge et le bleu, le jaune et vert, le blanc et le noir, chantant de concert, chacun sa note et nulle autre, composent une profondeur anonyme et insondable, et nous descendons doucement vers le cœur du vertige où le vertige prend fin[110]».

Danser sur l'abîme

Du 22 janvier au 27 avril 1941, se déroula l'exposition «Indian Art of the United States» au MoMA de New york. Jackson Pollock la visita à plusieurs reprises et eut ainsi l'occasion d'observer des artistes navajos réalisant sur le sol des peintures de sable. Entre le moine bouddhiste qui réalise dans un effort d'attention extrême une peinture sur sable où chaque élément a une signification précise, l'Indien qui réalise un rituel de guérison et l'arène du tableau en laquelle Pollock décide d'entrer, il existe une parenté. L'œuvre n'est plus un objet esthétique, censé être plus ou moins agréable à l'œil, mais un séisme visant à éveiller celui qui regarde. Barnett Newman, témoignant de Pollock, le disait: « Oubliez la main. C'est l'esprit – pas la main mais l'esprit –, l'âme, la concentration, les tripes. Je l'ai vu sortir de son atelier, on aurait dit une serpillière[111]. »

Son effort à lui aussi était d'abord spirituel! De manière beaucoup plus décisive que l'histoire de l'art ne veut bien le reconnaître, les grands artistes modernes, marqués par des courants divers, ont recherché le chemin réel de la mystique la plus pure – qui, au-delà des croyances, des dogmes et des rites, permet à l'homme de toucher à l'absolu du cœur.

Malevitch fut, pour sa part, pénétré par la pensée d'Ouspensky (1878-1947) qui établit un lien entre la géométrie et les dimensions supérieures de l'existence. Il évoquait ainsi l'existence d'une quatrième dimension (le temps), une cinquième (la hauteur de la conscience au-dessus du temps) et une sixième (la ligne qui unit toutes les consciences du monde, qui forme à partir d'elles un tout) – dimensions qui permettaient de nommer la mesure la plus hautement picturale. Ouspensky, qui est aujourd'hui surtout connu pour avoir transmis l'enseignement de Gurdjieff, aida ainsi Malevitch à faire, en 1913, le saut dans l'abstraction – comme suprématisme.

Jackson Pollock fut reconnu par Mondrian, alors que ce dernier venait de se réfugier à New York. Mondrian insista en effet auprès de son marchand, Peggy Guggenheim, sur l'importance du travail de ce jeune peintre qui le décontenançait. Le dernier tableau de Mondrian, *Victory Boogie Woogie*, où les formes sont dissoutes au point que l'on ne puisse plus distinguer les lignes des surfaces, et qu'apparaisse un rythme donnant une impression de clignotement, présente bien des points communs avec les *drippings* que Pollock réalisera quelques années plus tard.

Ces deux peintres avaient une profonde admiration pour Krishnamurti. Pollock, encore étudiant, le rencontra et suivit un de ses séminaires; Mondrian conserva tou-

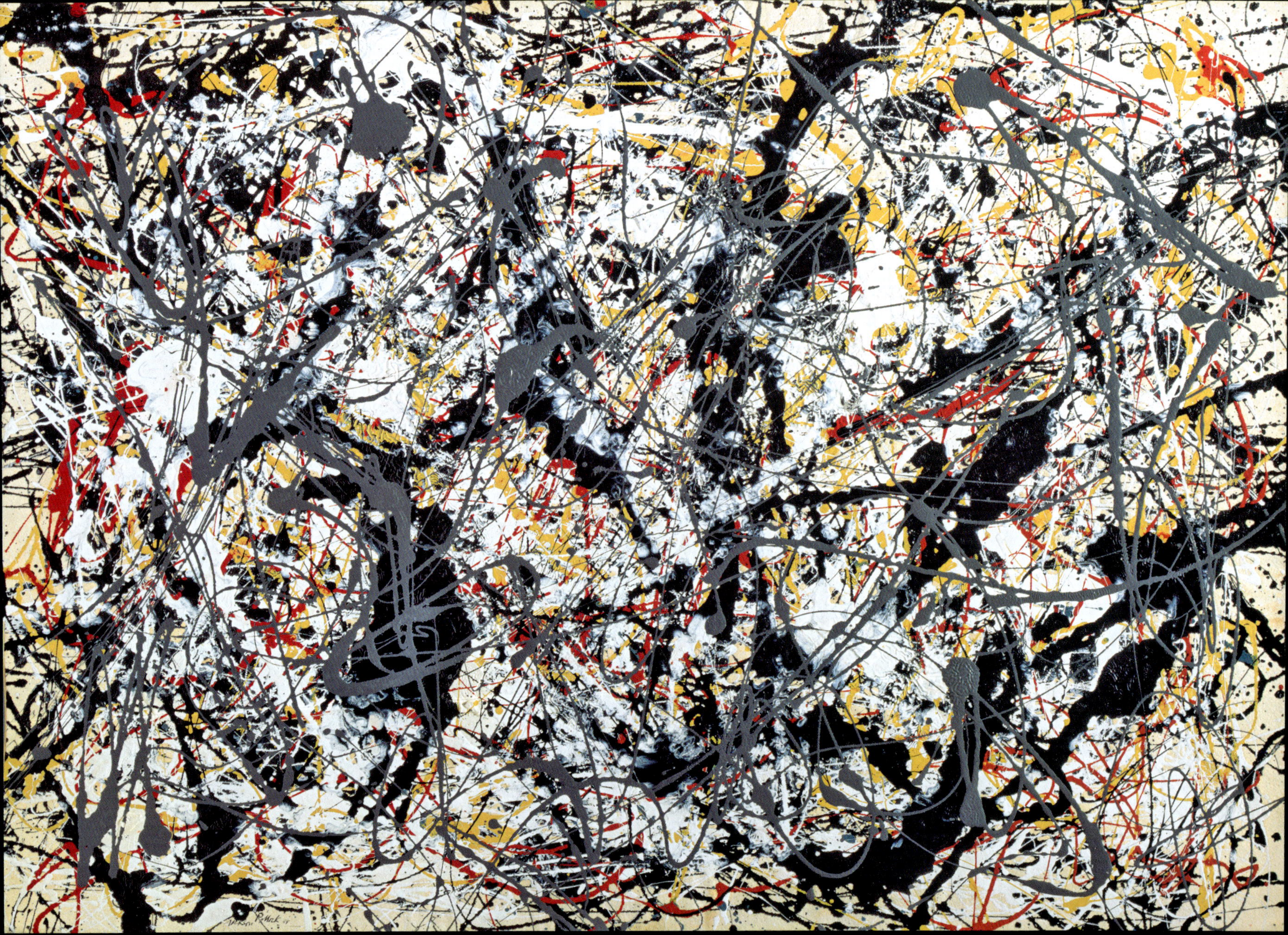

Peinture (argent sur noir, blanc, jaune et rouge), Jackson Pollock, 1948, Paris, musée national d'Art moderne, centre Georges-Pompidou.

Même d'une taille réduite, ce tableau est immense, tant il fait exploser les limites. Avec Pollock, le tableau posé au sol devient un mandala d'un âge nouveau, où nous ne pouvons plus que nous appuyer sur le rythme du monde, sans aucun concept ni calcul. La peinture nous accorde

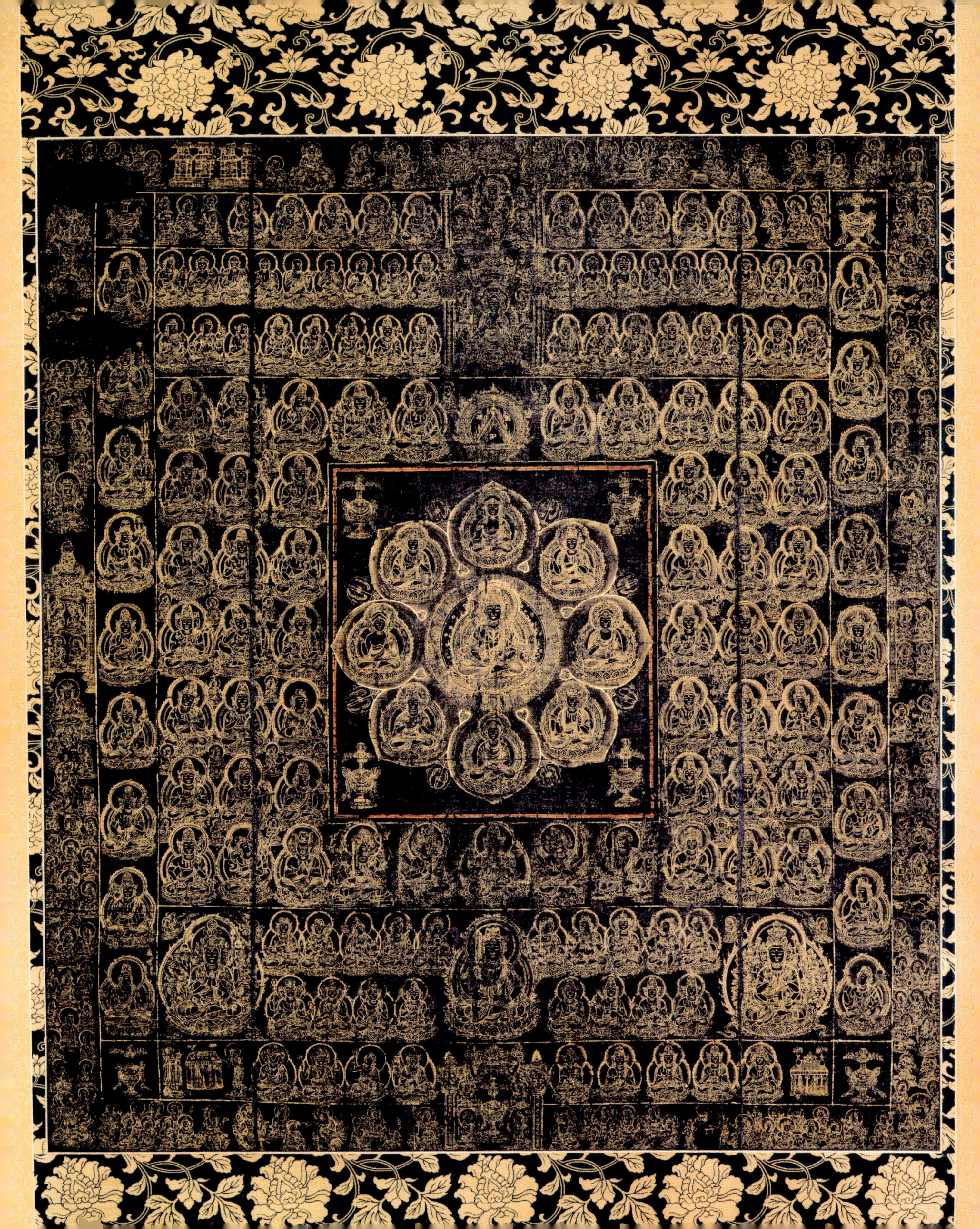

PAGE PRÉCÉDENTE

Mandala de la matrice du monde (Garbhadhatu), Japon, XIIIe siècle, collection Sylvan Barnet et William Burto.

La tradition japonaise du bouddhisme tantrique a particulièrement privilégié le « mandala de la matrice du monde », au centre duquel se trouve Mahâvairocana, le Grand Bouddha Solaire. Ce mandala est associé au mandala du diamant (Vajradhatu) et ils se reflètent l'un l'autre. Au centre d'un lotus à huit pétales, demeure le Bouddha Mahâvairocana, qui au travers de son intense amour, guide les êtres. Il tient une roue dans sa main, signifiant qu'il proclame l'enseignement du Bouddha. Autour de lui, demeurent les éveillés des quatre directions et les quatre grands bodhisattvas. Autour de cette salle des huit pétales s'en trouvent un grand nombre d'autres : la salle de la connaissance universelle, des détenteurs des mantras, la salle de Kannon (ou encore la salle du lotus)... Ce qui frappe dans cette œuvre est la manière dont le trait d'or sur le fond sombre, teint à l'indigo, devient un trait sans début ni fin, qui se tisse comme de lui-même, faisant apparaître les gestes et les sceaux de l'Éveil.

jours un de ses livres – phénomène extrêmement rare puisque Mondrian n'en gardait quasiment aucun chez lui.

Bien sûr, nombre des mouvements et des auteurs auxquels ces artistes se réfèrent ont aujourd'hui vieilli et semblent des constructions bien hasardeuses. Comment nier que, du coup, les textes de Kandinsky, de Mondrian ou de Fontana soient parfois confus ? Mais s'arrêter à un tel jugement, c'est regarder tout de travers. D'abord, au travers de ces doctrines, ils ont pu toucher à un corpus qui a traversé souterrainement toute l'histoire de l'Occident et qui inclut aussi bien l'alchimie, la théologie négative, Platon, Plotin, Denys l'Aréopagite, Jakob Böhme, sans oublier l'hindouisme, le bouddhisme et le taoïsme[112]. Leur propos n'est pas de trouver une formulation juste puisque leur travail est d'abord pictural. Leurs tableaux témoignent de la vérité de leur démarche. Et cela seul compte. Mais il importe de reconnaître l'aspiration qui meut ces artistes et combien ils ont pu faire leur miel de ces divers corpus qu'ils ont dû placer sur la forge de l'expérience.

En 1943, Pollock déclara dans un entretien : « J'ai toujours été impressionné par les qualités plastiques de l'art des Indiens d'Amérique. Les Indiens se comportent en vrais peintres, de par leur aptitude à saisir les images appropriées, et leur compréhension de ce qui fait le sujet, la matière de la peinture. Leur couleur est essentiellement liée à l'Ouest. Mais leur vision a l'universalité qui est à la base de tout art véritable. Certains trouvent dans telle ou telle partie de mes peintures des références à la peinture et à la calligraphie des Indiens d'Amérique. Cela n'a rien eu d'intentionnel, mais résulte de souvenirs et d'enthousiasme très anciens. » Comme le remarqua Hubert Damisch, l'influence des Indiens tient chez Pollock la place de l'art nègre pour les cubistes. Elle lui permit de penser une peinture qui procède « moins de la teinture que du tracé[113] ». Mais surtout, elle lui permit d'entrer dans un rapport profond au chaos que l'Occident a tant craint et qui donne à ses tableaux cette puissance si singulière qui les habite.

Quand un journaliste du *Time Magazine*, Bruno Alfieri, écrivit que les tableaux de Pollock étaient caractérisés par le chaos, ce dernier, profondément blessé, lui répondit dans un télégramme : « Pas de chaos, M… a travaillé fichtrement dur, comme vous pouvez voir. » Bruno Alfieri faisait une erreur caractéristique. Montrer le chaos, nous y exposer c'était, croyait-il, faire une peinture chaotique ! En réalité, c'est exactement l'inverse. Pollock n'est pas plus chaotique que Mondrian. Le montrant, il en montre l'ordonnancement.

En vérité, un tableau d'Ingres qui façonne une réalité idéalisée, refusant tout chaos, est bien plus angoissé, douloureux, qu'une œuvre de Pollock. Il est une tour d'ivoire que la moindre vague, le moindre souffle d'air menace. À l'inverse, le mandala comme le tableau de Pollock nous guérissent précisément parce qu'ils ne craignent pas le chaos. Ils sont une figure de l'abîme, là où la plupart des œuvres d'art en sont l'oubli et donc des formes plus ou moins élaborées de divertissements. Le divertissement est, au sens de Pascal, le moyen qui nous détourne de nous-mêmes, qui nous empêche de regarder la réalité en face : « Les hommes n'ayant pu guérir la mort, la misère, l'ignorance, ils se sont avisés pour se rendre heureux de n'y point penser. »

Cet abîme, seule la parole du mythe qui échappe à l'ordonnancement de nos raisons y a accès. Les divers chamanismes, parce qu'ils la connaissent, gardent un rapport à cette puissance souterraine. Kandinsky y trouva une grande ressource. Il avait une connaissance profonde du chamanisme finno-ougrien et sibérien. Jeune juriste, il fut envoyé par la Société ethnographique, en mai 1889, dans la province septentrionale de Vologda[114]. Il y eut l'intuition que la surface du tableau pouvait, comme celle du bouclier du chaman, devenir un être vivant.

Tous les grands artistes du XXe siècle ont, dans les marges de la culture, pour se délivrer de la culture de divertissement qui partout s'impose, cherché l'opacité, la sauvagerie, l'immensité, l'effroi. Ils ont ainsi aspiré à toucher à la racine de l'être.

C'est animé par un tel souci, que Jean Dubuffet s'est tourné vers l'art des fous et de tous ceux qui ne sont pas intégrés au système commercial de l'art comme *produit* de « l'asphyxiante culture ». Car la culture nous prive de la possibilité d'affronter l'abîme : « Toute la culture, écrit pour sa part Malevitch, m'apparaît comme un maître-ouvrier qui s'est mis à faire une clef pour une serrure qu'il ne connaît pas. »

Le mandala comme « non-lieu »

À la fin de sa vie, Jean Dubuffet tente de voir, encore plus précisément que jamais il ne l'a fait, la manière dont l'esprit regarde et approche ce qui est. Il cherche ainsi à saisir sur le vif la conscience au travail, quand elle se met à nommer les choses, reconnaître une table comme table par exemple. Il dépasse alors tout souci de faire un tableau plus ou moins bien composé.

Ce travail, très proche de celui de la méditation bouddhiste, vise à développer une approche de l'esprit – juste avant que l'opposition entre sujet et objet se soit édifiée. Toucher l'espace ouvert et confus, confus et ouvert, avant la nomination. Autrement dit, que se passe-t-il dans l'esprit avant qu'il ne perçoive la table comme table ? Car étiqueter ce que je vois devant moi comme étant une « table » est une manière d'en prendre possession de telle sorte que je n'ai plus à son égard aucune curiosité, que je ne la vois plus comme ce qu'elle est. La nomination, loin alors de la faire paraître, nous éloigne de la vérité du réel. Et la table même, est-elle réellement ? Est-elle plus réelle que l'espace entre elle et moi ? Comment est-elle avant que je ne la reconnaisse ?

Dans cette quête, Jean Dubuffet met en cause le processus d'individuation des objets que nous effectuons sans cesse. Il conteste même l'identité de chacun d'eux : « Ce qui est donné à ressentir est une continuité indifférenciée de ce qui nous entoure et dans laquelle notre propre personne aussi se dissout, perdant comme tout le reste sa spécificité. L'humeur s'approche là de celle que cultivent les bouddhistes[115]. » Nous savons, notamment, par les trop rares lettres que Charles-André Chenu a accepté de rendre publiques, l'intérêt soutenu de Jean Dubuffet pour le bouddhisme.

Dans les *Mires*, sur des feuilles de papier de format identique, des tracés d'apparence hasardeuse, à la peinture rouge ou bleue sur un fond jaune de chrome (pour les *Kowloons*), puis sur fond blanc (*Boléros*) : « Y préside l'idée que l'interprétation que font du monde les humains et qui régit leur pensée et leur vie quotidienne est entièrement erronée, il y est substitué un regard nouveau totalement étranger. » Ces peintures tentent un autre système de références, plus libres, souples et fluctuantes.

Dans les *Non-lieux*, des tracés de blanc, de rouge et de bleu réalisés sur un fond noir – donnant le sentiment que toute figure désormais s'abolit, s'efface même. La distinction entre être et non-être, chaos et ordre, signe et rien, n'a plus cours : « Ces peintures visent à représenter non plus le monde mais l'incorporalité du monde, ou, disons, le néant[116]. » « Après la tentative, impossible, de figurer le rien, c'est maintenant le rien figuré[117]. »

Comme l'écrit son biographe Laurent Danchin : « Conçus comme des mandalas, c'est-à-dire des images support de méditation, terrain d'exercices mentaux à la limite d'une théologie ou d'une métaphysique d'un nouvel ordre, les tableaux et dessins de Jean Dubuffet, surtout les plus informels, qui sont précisément les derniers, ceux des *Mires* et des *Non-lieux*, sont l'œuvre d'un sage malgré lui qui, suivant sa propre voie, son propre zen, celui du dessin, de l'assemblage, de la peinture, aurait accédé spontanément à la vraie méditation[118]. » Ces tableaux semblent en effet être comme des mandalas qui auraient été réalisés par un maître zen !

À mon sens, cette dernière série est le moment le plus décisif de l'œuvre de Jean Dubuffet – où il abandonne par exemple toute révolte. Un mois après sa mort, en juin 1985, le centre Georges-Pompidou organisa une exposition des *Non-lieux*. J'avais dix-sept ans et je passais mon temps à peindre. Je fus frappé par ces œuvres et m'en inspirai pendant de longs mois, essayant d'y apprendre un chemin. Mais toutes mes tentatives restaient prisonnières de la peinture, jamais elles n'atteignaient, même de façon infinitésimale, cette innocence des œuvres de Jean Dubuffet. Elles semblaient toujours fabriquées. Je découvris ainsi combien ces œuvres de Jean Dubuffet étaient non seulement l'aboutissement d'une vie de travail mais surtout un phénomène originaire, une monstration du Rien. Un dépassement de l'art. L'espace se montrant. Ces traits qui semblent aléatoires sont tout à la fois pleinement humains, faits d'une main d'homme et dans le même temps, on n'y trouve pas la moindre subjectivité, la moindre expression. Dubuffet s'y est effacé. Le trait se montre en se détruisant.

Si nous essayons, à présent, de regarder, à partir des *Non-lieux*, un mandala, il est frappant qu'il est, lui aussi, un non-lieu. Non pas un lieu donné, mais l'u-topie (qui signifie exactement non-lieu) – l'ouvert même.

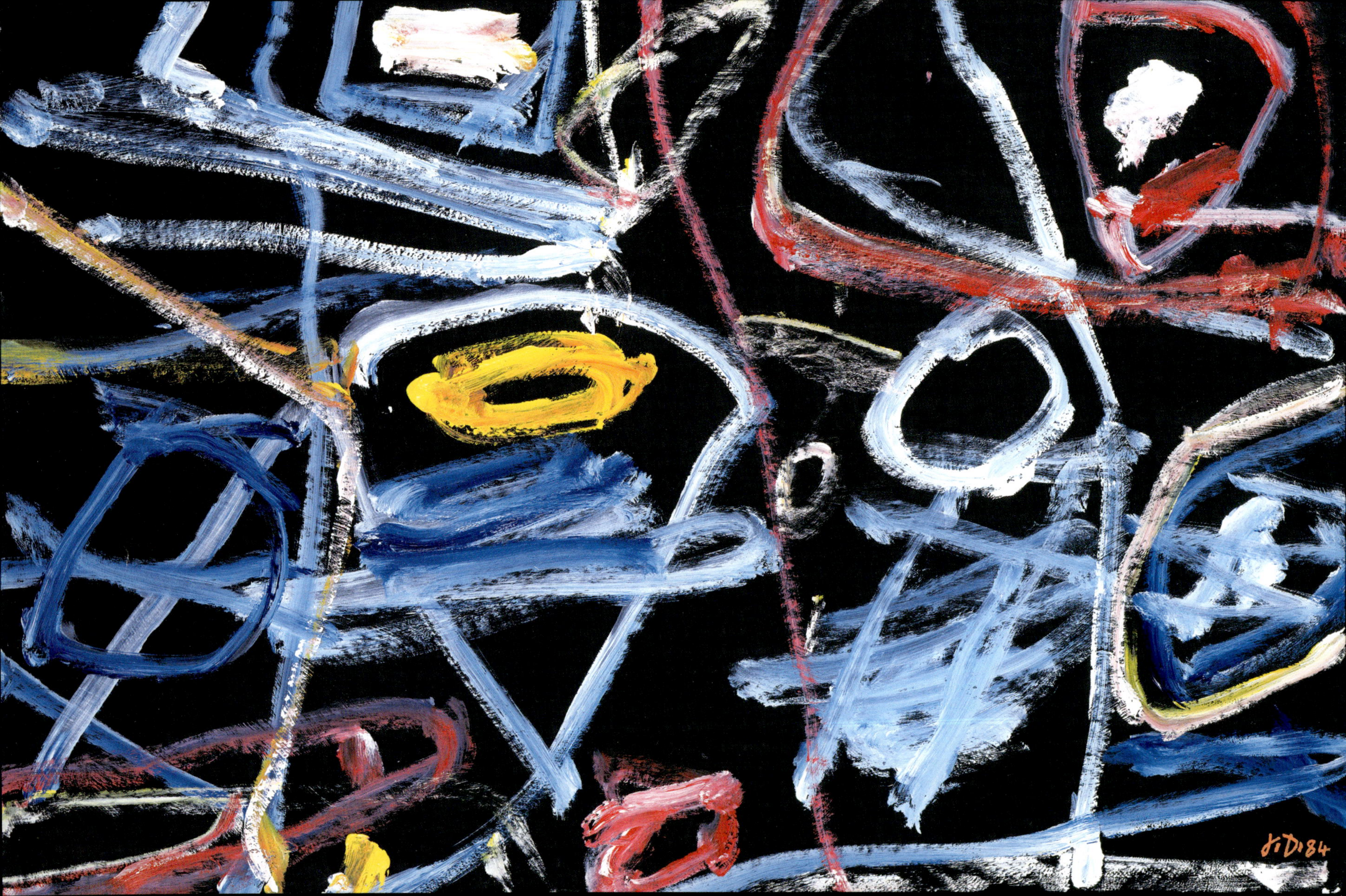

Non-lieux, donnée (H 15), Jean Dubuffet, 1984, Paris, musée national d'Art moderne, centre Georges-Pompidou.

Kalachakra.

La peinture ramenée à sa plus haute simplicité. Quelques gestes sans personne pour les accomplir. L'Occident rencontre l'Orient – dans l'écoute de l'espace premier, ouvert et libre de crispation et de concept –, et lui montre, en retour, par où s'occidentaliser – non se globaliser et perdre et son âme et son propre, mais entrer pleinement dans la modernité poétique. Soutenir l'effondrement des anciens repères. Cette aventure, encore secrète, est le seul chemin qui s'ouvre à nous, les hommes du déracinement. En achevant ainsi sa vie, Jean Dubuffet rappelle l'énigme de la modernité : des tracés de pures couleurs qui se disposent dans la nudité, révélant ainsi la possibilité de tout mandala.

Il faut voir ses deux œuvres ensemble. Alors se montre combien Jean Dubuffet est tenu par un souffle qui garde en lui une infinie pudeur. Aucune gesticulation personnelle et intime mais la peinture qui se montre comme monde avant que le monde devienne monde. À sa source même, déjà prête à se déployer. Se révèle aussi que, si le mandala est tout entier tenu par une structure fermement établie, il suffit de se mettre devant lui pour voir les lignes se dissoudre l'une dans l'autre et la mouvementation qui l'anime.
C'est dans le lien permanent entre ces deux modulations qu'il nous faut désormais habiter. Dans la modernité qui seule garde mémoire vivante de la tradition. Dans la tradition que seule la modernité sait préserver et faire chanter. Notre responsabilité est d'être à la hauteur d'un tel appel.

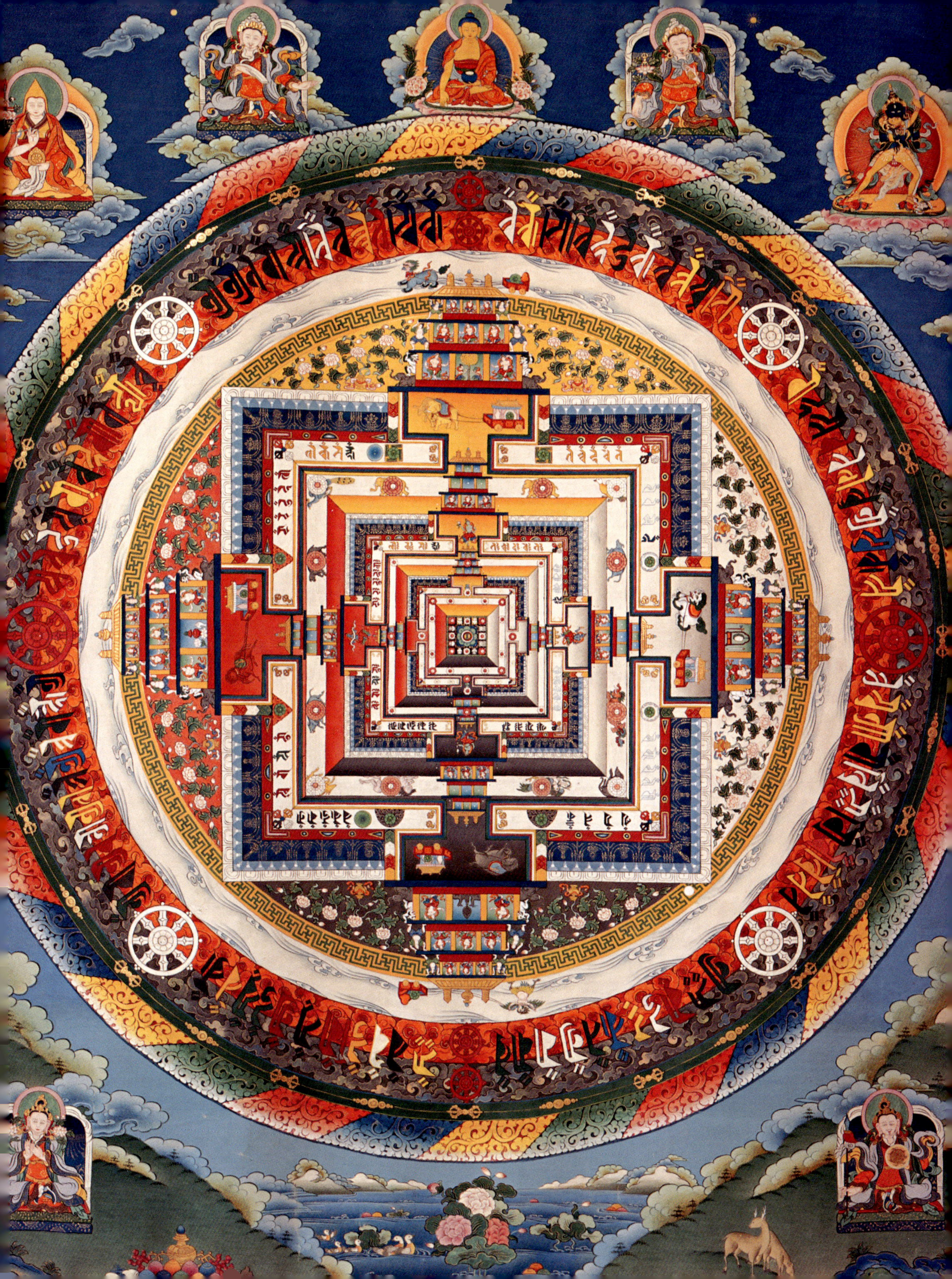

Dépasser le tableau

Un mandala est une mise en présence de la réalité qu'il nous serait possible de reconnaître si notre regard était plus ouvert et inspiré. Aussi cette peinture n'est-elle pas tant une chose qu'un chemin vers l'épreuve de la réalité libérée.

Il existe des mandalas qui sont peints, réalisés comme monument ou simplement imaginés par l'esprit du pratiquant. Car l'essentiel n'est pas l'œuvre mais que le monde devienne « mandala », que nous soyons à même de voir le monde comme cette unité vivante.

Les grands artistes modernes dont j'ai parlé ont de façon analogue cherché à dépasser le cadre du tableau et fait en sorte que leur travail conduise à une expérience décisive.

En un premier sens, cette aspiration les a conduits à se tourner vers l'architecture ou la création d'environnement. L'homme qui y pénètre ne fait plus face à un tableau mais entre dans un monde. L'atelier de Mondrian a beaucoup frappé ceux qui ont pu lui rendre visite : « Mondrian vivant dans un tableau de Mondrian ! » constate Seuphor quand il le rencontre pour la première fois. Et les nombreuses photographies que nous avons de son atelier en témoignent. Mondrian n'avait rien chez lui, pas un livre ou un papier visible. Une seule fleur était présente, une tulipe artificielle peinte en blanc. Durant l'été 1950, Pollock, le sculpteur Tony Smith et le peintre et mécène Alfonso Ossorio s'entretinrent longuement d'un projet architectural visant à la construction d'une église catholique. Cette église, qui devait être implantée à Long Island, devait comporter une structure vaste et complexe et un programme considérable de peintures réalisées par Pollock. Fontana (avec par exemple les divers *Milieu spatial*) comme Dubuffet (avec par exemple le *Jardin d'hiver* ou la *Tour aux figures*) ont réalisé des espaces où pouvait entrer le spectateur.

Les artistes modernes ont été habités par le rêve que, selon le mot de Mondrian : « L'art n'étant qu'un artifice, il va disparaître à mesure que cette vie gagne en beauté. » Quel avenir joyeux, quand le pratiquant n'aura plus besoin de mandala mais demeurera à chaque moment de son existence dans un mandala parfait !

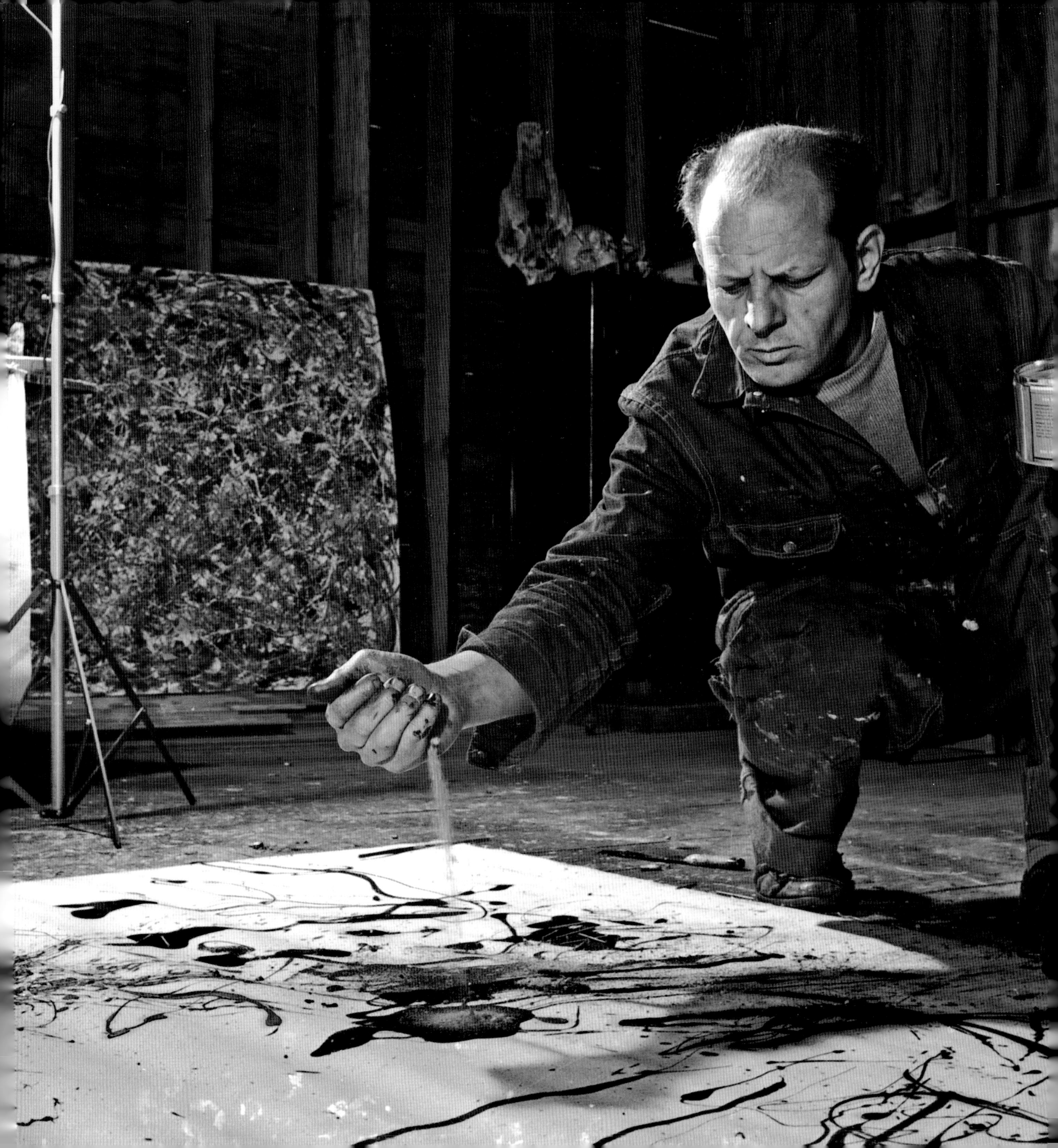

Le mandala n'appartient pas au passé, mais nous parle d'une manière directe, plus encore dans une époque comme la nôtre, arc-boutée contre le souffle de la beauté véritable et marquée par une dislocation de tous les ordres et repères. Quand la douleur étreint les hommes, quand la solitude devient isolement, quand le cœur ne baigne plus dans la juste tendresse, quand la détresse est sans fond, quand l'ignoble s'impose, quand la perversité dirige, qu'il n'y a plus ni de monde ni même d'espace libre et ouvert, que la peur et la malveillance sont les premières motivations, le besoin du mandala est encore plus vif. Il nous requiert au point de cette douleur insigne et insoutenable.

Telle est la leçon de la modernité poétique qui, contre la modernité de la dévastation, retrouve le sens du monde réel, du monde unitaire, du monde mandala, en faisant de l'*œuvre* un espace de vision et de métamorphose vrai. Évident. Un espace où l'homme peut encore trouver un axe. Toucher à la joie dans l'épreuve de son travail d'homme.

Puissent ces œuvres, ces mandalas de tous les temps et de tous les pays, dans le recueil de la poésie la plus fulgurante, continuer de nous éveiller et de nous apprendre à nous tenir heureux sur la pointe du risque – qui est pour chaque être humain l'existence.

NOTES

INTRODUCTION

1. Arthur Rimbaud, « Délires I » (1873), *Une saison en enfer.*
2. Chögyam Trungpa, *Folle Sagesse*, Paris, Seuil, 1993, p. 51.
3. Martin Heidegger, *Être et Temps*, trad. François Vezin, Paris, Gallimard, 1986, p. 100.
4. Cf. Emmanuel Kant, *Que signifie s'orienter dans la pensée ?,* Paris, Garnier Flammarion, 2006.
5. Cf. Hannah Arendt, *Les Origines du totalitarisme*, Paris, Seuil, 2005.
6. François Fédier, « La beauté sauvera le monde », in *L'Art en liberté. Cours de philosophie*, Paris, Pocket, coll. « Agora », 2006, p. 316.
7. E. E. Cummings, *Je, six inconférences*, trad. et présenté par Jacques Demarcq, Sauve, Clémence Hiver éditeur, 2000, p. 57 *sq*.
8. François Fédier, *Regarder voir*, Paris, Les Belles Lettres, 1995, p. 167.
9. Samuel Beckett, *Quad et autres pièces pour la télévision*, Paris, Minuit, 1992.
10. Gregory Bateson, *La Nature et la Pensée*, Paris, Seuil, 1984.

1. L'EXPÉRIENCE DU MANDALA AU SEIN DE LA DOCTRINE BOUDDHIQUE

11. Chögyam Trungpa, *Mudrâ. L'esprit primordial*, Paris, Accarias/L'Originel, 2007, p. 86.
12. Marpa, in *L'Ondée de sagesse. Chants de la lignée Kagyu*, Vernègues, Claire Lumière, 2006, p. 306.
13. Cf. Dr Rewata Dharma, *Le Premier Enseignement du Bouddha, le sermon de Bénarès*, Vernègues, Claire Lumière, 1998, p. 27.
14. Shunryu Suzuki, *Esprit zen, esprit neuf*, Paris, Seuil, 1977, p. 128.
15. Saint-John Perse, « Discours de Stockholm », in *Œuvres complètes*, Paris, Gallimard, 1972, p. 444.
16. Chögyam Trungpa, *Bardo*, Paris, Seuil, 1995, p. 70.
17. William Blake, « Londres », in *Chants d'expérience*, trad. Pierre Leyris, Paris, Aubier, 1974.
18. Chögyam Trungpa, *Le Mythe de la liberté*, Paris, Seuil, 1979, p. 70.
19. Sofia Stril-Rever, *Traité du mandala*, Paris, Desclée de Brouwer, 2003, p. 18.
20. Chögyam Trungpa, *Pratique de la voie tibétaine*, Paris, Seuil, 1976, p. 247.
21. Hélène Brunner, « Mandala et yantra dans le sivaïsme agamique. Définition, description et usage rituel », *in* André Padoux (éd.), *Mantras et diagrammes rituels dans l'hindouisme*, Paris, CNRS éditions, 1986, p. 13-18.
22. Michel Strickmann, *Mantras et mandarins. Le bouddhisme tantrique en Chine*, Paris, Gallimard, 1996, p. 24.

23. Pierre Feuga, « Tantrisme hindou et tantrisme bouddhique », in *Lumières sur la voie bouddhique de l'Éveil, Connaissance des religions* n° 61-64, 2000, p. 103.
24. Cf. François Bizot, *Recherche sur le bouddhisme khmer. I, Le Figuier à cinq branches*, Paris, EFEO, 2005 ; « Notes sur les yantra bouddhiques d'Indochine », *in* M. Strickmann (éd.), *Tantric and Taoist Studies*, vol. I, Chiois, 1983.
25. François Fédier, *Martin Heidegger. Le temps, le monde*, Paris, Lettrage, 2006, p. 219.
26. Chögyam Trungpa, *Pratique de la voie tibétaine*, *op. cit.*, p. 133.
27. Chögyam Trungpa, *Dharma et créativité*, Paris, Guy Trédaniel Éditeur, 1999, p. 116.
28. Robert Marteau, *Voyage au verso*, Seyssel, Champ Vallon, 1989, p. 118.
29. Cité *in* Keats, *Poèmes choisis*, trad. Albert Laffay, Paris, Aubier Flammarion, 1968, p. 18.
30. Chögyam Trungpa, *Jeu d'illusion*, Paris, Seuil, 1997, p. 81.
31. Chögyam Trungpa, *Voyage sans fin. La sagesse tantrique du Bouddha*, Paris, Seuil, 1992, p. 113.
32. Cité *in* Sofia Stril-Rever, *Traité du mandala, op. cit.*, p. 19.
33. René Daumal, *Le Mont Analogue*, Paris, Gallimard, 1981, p. 15.
34. Giuseppe Tucci, *Théorie et pratique du mandala*, Paris, Fayard, 1974, p. 33.
35. Dilgo Khyentsé, *Au seuil de l'Éveil*, Peyzac-le-Moustier, Éditions Padmakara, 1991, p. 67.
36. Chögyam Trungpa, *Le Cœur du sujet*, Paris, Seuil, 1993, p. 196.

2. LES MANDALAS DANS D'AUTRES CULTURES

37. Robert Marteau, *Liturgie*, Seyssel, Champ Vallon, 1993.
38. Mircea Eliade, *Le Sacré et le profane*, Paris, Gallimard, 1965, p. 29.
39. Allen Ginsberg, *Howl, Kaddish*, trad. Robert Cordier et Jean-Jacques Lebel, Paris, Christian Bourgois, « 10/18 », 1966, p. 35.
40. Pierre Burgelin, « Sur le passage du sacré au profane », *Diogène 33*, 1961, p. 123.
41. Jean-Pierre Dupuy, *La Marque du sacré*, Paris, Carnets Nord, 2009.
43. Cf. Serge Bramly, *Terre sacrée. L'univers sacré des Indiens d'Amérique du Nord*, Paris, Albin Michel, 1992, p. 255.
44. Harry Walters, « Le mot art n'existe pas en navajo », in *Peintures de sable des Indiens navajo. La voie de la beauté*, Sylvie Crossman et Jean-Pierre Barou (dir.), Arles, Actes Sud, 1996, p. 69.
45. Élan Noir, *Élan Noir parle, ou La vie d'un saint homme des Sioux Oglalas*, Paris, Le Mail, 1993, p. 48.
46. Martin Heidegger, *La Chose*, trad. inédite Hadrien France-Lanord.
47. Rainer Maria Rilke, *Les Élégies de Duino*, suivi de *Les Sonnets à Orphée*, traduit de l'allemand par Lorand Gaspar et Armel Guerne, collection « Points poésie », Paris, Seuil, 2006, p. 117.
48. Cité *in* Dominique Naert, *Le Labyrinthe de la cathédrale de Reims*, Fontenay-sous-Bois, Sidès, 1996, p. 51.
49. Robert Marteau, *Sur le sable*, Paris, Mémoire vivante, 2007, p. 39.

50. Paul Claudel et Marcel Aubert, *Vitraux des cathédrales de France, XIIe et XIIIe siècles*, Paris, Plon, 1951.
51. Louis Gillet, « Aperçu historique », in Jean Cosse, *Initiation à l'art des cathédrales*, Saint-Léger-Vauban, Zodiaque, 1999, p. 41.
52. Auguste Rodin, *Les Cathédrales de France*, Paris, Denoël/Gonthier, 1983, p. 144.
53. Émile Mâle, *L'Art religieux du XIIIe siècle en France*, Paris, Le Livre de Poche, 1948, p. 36.
54. Fulcanelli, *Le Mystère des cathédrales et l'interprétation ésotérique des symboles hermétiques du grand œuvre*, Paris, Jean-Jacques Pauvert, 1964, p. 65 *sq*.
55. Cf. Painton Cowen, *Roses médiévales*, Paris, Seuil, 1979.
56. Robert Marteau, *Liturgie*, *op. cit.*
57. Patrick Ringgenberg, *L'Art chrétien de l'image. La ressemblance de Dieu*, Paris, Les Deux Océans, 2005, p. 102.
58. Roger Parisot, *Le Cœur*, Puiseaux, Pardès, 2000, p. 48.
59. C. G. Jung, *Ma vie*, traduit par Roland Cahen, Paris, Gallimard, 1991, p. 22.
60. *Ibid.*, p. 196.
61. C. G. Jung, *Les Racines de la conscience*, Paris, Buchet-Chastel, 1971, p. 37.

3. VISIONS MODERNES DU MANDALA

62. C. G. Jung, *Commentaire sur le Mystère de la Fleur d'Or*, Paris, Albin Michel, 1979, p. 87.
63. Kazimir Malevitch, *La Lumière et la couleur*, trad. Jean-Claude Marcadé et Sylviane Siger, Lausanne, L'Âge d'Homme, 1981, p. 10.
64. P. Michael Doran (dir.), *Conversations avec Cézanne*, Paris, Macula, 1978, p. 15.
65. Piet Mondrian cité *in* Pierre Schneider, *Petite Histoire de l'infini en peinture*, Paris, Hazan, 2001, p. 245.
66. Henri Matisse, *Écrits et propos sur l'art*, textes, notes et index établis par Dominique Fourcade, Paris, Hermann, 1972, p. 308.
67. Gérard Guest in *Ligne de risque, 1997-2005*, Paris, L'Infini/Gallimard, 2005, p. 302.
68. Henri Matisse, *Écrits et propos sur l'art*, *op. cit.*, p. 249.
69. Rainer Maria Rilke, *Lettres à un jeune poète*, *Œuvres 1*, Paris, Seuil, 1966, p. 341.
70. Cité *in* Alain Bonfand, *L'Art abstrait*, Paris, PUF, 1994, p. 3.
71. Nelly Sachs/Paul Celan, *Correspondance*, trad. Mireille Gansel, Paris, Belin, 1999, p. 28.
72. Gérard Conio, *Les Avant-gardes, entre métaphysique et histoire*, entretiens avec Philippe Sers, Lausanne, L'Âge d'Homme, 2002, p. 12.
73. Barnett Newman in *Catalogue*, Paris, Galeries nationales du Grand Palais, 1972, p. 8.
74. Selon Cézanne, « *a priori*, les écoles n'existent pas. La question qui prime est celle de l'art en lui-même. La peinture est donc bonne ou mauvaise », *Conversations avec Cézanne*, *op. cit.*, p. 17.
75. C'est ainsi qu'en parle par exemple Sam Francis dans *Catalogue Sam Francis*, Bonn, 1993, p. 48 – dans une formulation que n'auraient pas désavouée Malevitch, Mondrian ou Kandinsky.

76. Lucio Fontana, *Manifesto blanco*, Buenos Aires, 1946.
77. Maurice Denis, « Définition du néo-traditionalisme », revue *Art et Critique*, 30 août 1890.
78. *Conversations avec Cézanne*, *op. cit.*, p. 136.
79. Kandinsky, *Écrits complets III, La synthèse des arts*, Paris, Denoël, 1975, p. 394.
80. Cité *in* Carsten-Peter Warncke, *De Stijl*, Cologne, Taschen, 1991, p. 81.
81. Barnett Newman *in Catalogue*, *op. cit.*, p. 7.
82. Cité *in* Michel Seuphor, *Piet Mondrian*, Paris, Librairie Séguier, 1987, p. 95.
83. Cité *in* Giovanni Joppolo, *Lucio Fontana, une biographie, Qui sait comment est Dieu ?*, Marseille, Image en manœuvre éditions, 1992, p. 64 *sq*.
84. Michel Cazenave, *Jung, l'expérience intérieure*, Paris, Le Rocher, 1997, p. 15.
85. Wassily Kandinsky, *Regards sur le passé et autres textes, 1912-1922*, Paris, Hermann éditeurs, 1995.
86. Jean Dubuffet, *Lettres à J. B., 1946-1985*, Paris, Hermann, 1991, p. 430.
87. Piet Mondrian cité *in* Pierre Schneider, *Petite Histoire de l'infini en peinture*, *op. cit.*, p. 230.
88. Stéphane Mallarmé, lettre à Eugène Lefébure, 27 mai 1867, in *Œuvres*, tome I, Paris, Gallimard, Bibliothèque de la Pléiade, 1998, p. 717.
89. Piet Mondrian, « La vraie valeur des oppositions », in *Correspondance avec Alfred Roth*, Paris, Gallimard, 1994, p. 136.
90. Kazimir Malevitch, *Dieu n'est pas détrôné*, Lausanne, L'Âge d'Homme, 2003, p. 67.
91. Clement Greenberg, *Art et culture*, Paris, Macula, 1988, p. 174.
92. Piet Mondrian cité *in* Pierre Schneider, *Petite Histoire de l'infini en peinture*, *op. cit.*, p. 251.
93. Cf. René Guénon, *Symboles de la Science sacrée*, Paris, Gallimard, 1962.
94. Chögyam Trungpa, *Enseignements secrets*, Gordes, Le Relié, 2003, p. 216.
95. *Conversations avec Cézanne*, *op. cit.*, p. 109.
96. François Fédier, *Regarder voir*, *op. cit.*, p. 286.
97. Hegel, *Encyclopédie des sciences philosophiques*, Paris, Gallimard, 1990, p. 441.
98 Kazimir Malevitch, *De Cézanne au suprématisme*, Lausanne, L'Âge d'Homme, 1974, p. 194.
99. Cf. Simone Weil, *Note sur la suppression générale des partis politiques*, Paris, Climats, 2006.
100. E. E. Cummings, *Je, six inconférences*, *op. cit.*, p. 93.
101. Chögyam Trungpa, *Mandala*, Paris, Seuil, 1994, p. 29.
102. Cf. François Fédier, *Martin Heidegger. Le temps, le monde*, *op. cit.*, p. 222.
103. Piet Mondrian, *Correspondance avec Alfred Roth*, *op. cit.*, p. 26.
104. Piet Mondrian, « La vraie valeur des oppositions », in *Correspondance avec Alfred Roth*, *op. cit.*, p. 135.
105. Michel Seuphor, *Une vie à angle droit*, propos recueillis par Christiane Germain et Paul Haim, Paris, La Différence, 1988, p. 36.
106. *Ibid.*, p. 36-43.
107. Piet Mondrian, *Correspondance avec Alfred Roth*, *op. cit.*, p. 98.
108. Pierre Schneider, *Petite Histoire de l'infini en peinture*, *op. cit.*, p. 246.

109. *Ibid.*, p. 273.
110. *Ibid.*, p. 274.
111. Cité *in* Steven Naifeh et Gregory White Smith, *Jackson Pollock*, Auch, Tristram, 1999, p. 13.
112. Cf. par exemple Jean-Claude Marcadé, préface *in* K. Malevitch, *La Lumière et la couleur*, *op. cit.*, p. 15.
113. Hubert Damisch, « Indians !!?? », *in* catalogue *Jackson Pollock*, Musée national d'Art moderne, centre Georges-Pompidou, Paris, 1982, p. 30.
114. Peg Weiss, *Kandinsky and Old Russia. The Artist as Ethnographer and Shaman*, New Haven, Tale University Press, 1995.
115. Jean Dubuffet, *Bâtons rompus*, Paris, Minuit, 1985, p. 31.
116. Jean Dubuffet, « Biographie au pas de course », in *Prospectus et tous écrits suivants*, Paris, Gallimard, 1995, p. 537.
117. Laurent Danchin, *Jean Dubuffet, peintre-philosophe*, Lyon, La Manufacture, 1988, p. 224.
118. *Ibid.*, p. 218.
119. Piet Mondrian, *Correspondance avec Alfred Roth*, *op. cit.*, p. 62.
120. Frithjof Schuon, *L'Œil du cœur*, Lausanne, L'Âge d'Homme, 1995, p. 116.
121. *Ibid.*, p. 116.
122. Stéphane Mallarmé, « Lettre à E. Roberty », in *Correspondance IV*, Paris, Gallimard, 1959, p. 18.
123. Jean Dubuffet, *Bâtons rompus*, *op. cit.*, p. 61.
124. Luc Benoist, *Signes, symboles et mythes*, Paris, PUF, 1975, p. 28.
125. Cité *in* Alain Besançon, *L'Image interdite. Une histoire intellectuelle de l'iconoclasme*, Paris, Fayard, coll. « L'esprit de la cité », 1994, p. 493.
126. Ajit Mookerjee, Madhu Khanna, *La Voie du Tantra*, Paris, Seuil, 2004, p. 53.
127. Wassily Kandinsky, *Regards sur le passé et autres textes, 1912-1922*, *op. cit.*, p. 87.
128. Kazimir Malevitch, *La Lumière et la couleur*, *op. cit.*, p. 10.

CRÉDITS

© 2010 Mondrian/Holtzman Trust c/o HCR International Virginia : couverture (à droite), 129, 133, 135.
© 2010 The Barnett Newman Foundation – Adagp, Paris : 114.
© Lucio Fontana – Adagp, Paris 2010 : 110.
© **Adagp, Paris 2010 :** 102 (Vassily Kandinsky), 138 (Jackson Pollock) ; 144 (Jean Dubuffet).
AKG-Images : 124 ; Erich Lessing : 77, 85 ; Monique Pietri : 59 ; Reimer Wulf : 79.
The Art Archive : Sylvan Barnett and William Burto Collection : 139 ; Basilique Saint Denis, Paris/Gianni Dagli Orti : 84 ; Lucien Bitton Collection/Gianni Dagli Orti : 29.
Bridgeman-Giraudon : 114, 135 ; Coll. part./Archives Charmet : 128 ; Museum of Fine Arts, Boston/Gift of John Goelet : 52 ; Museum of Fine Arts, Boston/Denmam Waldo Ross Collection : 41 droite ; Peter Willi : 133.
Collection of Sandor P. Fuss : 41 milieu.
Courtesy Sperone Westwater, New York : 110 droite.
Corbis : Bojan Brecelj : 54 ; Sylvain Grandadam : 80 ; Jen Hulshizer : 68 ; Danny Lehman : 73 ; Charles Lenars : 51 ; Alen MacWeeney : 145 ; Luca Tettoni : 50.
Digital Image 2009 © Marilyn Angel Wynn/Nativestock/Photo Scala, Florence : 64, 72.
Getty Images : Time & Life Pictures/Photo Martha Holmes : 151.
Solomon R. Guggenheim Museum, New York/Solomon R. Guggenheim Founding Collection by Gift : 102.
© **Photo Alain Kilar :** 81.
Leemage : Photo Josse : 129.
© **Museum of Fine Arts, Boston :** Gift of John Goelet, 1967 : 69 ; Bequest of Daisy Virginia Holde, 1965 : 125.
Reproduced from *The Red Book* by C. G. Jung, © 2009 by the Foundation of the works of C. G. Jung, and used with the permission of W. W. Norton & Company, Inc. : 91.
RMN : Archives Alinari, Florence, Dist. RMN/Fratelli Alinari : 119 ; © Collection Centre Pompidou, Dist. RMN/Droits réservés : 144 ; © Collection Centre Pompidou, Dist. RMN/Philippe Migeat : 138 ; © Collection Centre Pompidou, Dist. RMN/Adam Rzepka : 110 gauche ; Droits réservés : 31 ; musée Guimet, Paris/Daniel Arnaudet : 11 ; musée Guimet, Paris/Thierry Ollivier : 21, 22, 34, 35, 46, 47 ; musée Guimet, Paris/P. Pleynet : 132 ; musée Guimet, Paris/Michel Urtado : 7, 17, 63, 95 ; musée Guimet, Paris/Ghislain Vanneste : 26, 27, 115 ; musée de l'Orangerie, Paris/Hervé Lewandowski : 96.
Rubin Museum of Art/Art Ressource, New York : 18, 40 droite, 41 gauche.
© **Trustees of the British Museum :** 45, 57, 103, 118.
Zimmerman Family Collection : 40 gauche.

Photogravure : Point 4, Paris, France
Impression : Amilcare Pizzi, Milan, Italie
Dépôt légal : octobre 2010. N° 101110